Pat Patfoort

Pat Patfoort, Jg. 1949, ist eine belgisch-flämische Anthropologin, die seit fast dreißig Jahren gewaltfreie Konfliktlösung erforscht und seit zwanzig Jahren als freie Dozentin, Trainerin, Mediatorin und Autorin auf diesem Gebiet arbeitet.

Sie begann mit dem Studium gewaltfreier Erziehung, um sich auf die Erziehung ihrer eigenen zwei Kinder vorzubereiten, die jetzt 25 und 23 Jahre alt sind. Jahrelang konnte sie bei ihnen alles anwenden und erproben.
Pat Patfoort reist durch die ganze Welt (Europa, USA, Rußland, Südafrika etc.) und arbeitet mit verschiedenartigsten Gruppen: Kindern, Jugendlichen, Eltern, LehrerInnen, StudentInnen, Gefangenen, RichterInnen, Polizei, Gewerkschaften, Krankenschwestern u.a.
Sie hat in Brügge, Belgien, ein Zentrum für gewaltfreie Konfliktaustragung - genannt "*De Vuurbloem*" (Die Feuerblume) - gegründet.
In den letzten Jahren hat sie sich mehr mit inter-ethnischen Versöhnungsprojekten befaßt wie zwischen Inguschen und Nord-Osseten im Kaukasus, zwischen Serben und Albanern im Kosovo und mit Menschen aus Ruanda.

Zwei ihrer Bücher - "*An Introduction to Nonviolence*" (1987) und "*Uprooting Violence, Building Nonviolence*" (1995) sind in Englisch und in einigen anderen Sprachen erhältlich. Ein drittes englischsprachiges Buch ist gerade in Vorbereitung.

Der Autor

Christoph Besemer, Jg. 1955, ist Politologe, Mediator und Trainer für konstruktive Konfliktaustragung und gewaltfreien Widerstand. Er beschäftigt sich seit über zwei Jahrzehnten mit gewaltfreien Konzepten zur Überwindung von Gewalt und zur Lösung von Konflikten.
Seit 1985 ist er Mitarbeiter der *Werkstatt für Gewaltfreie Aktion, Baden.* Im Rahmen dieser Einrichtung führt er Seminare und Trainings durch, um Menschen mit gewaltfreien Handlungsmöglichkeiten im persönlichen und im politischen Bereich vertraut zu machen und darin einzuüben.
Außerdem ist er Mitarbeiter des 1992 gegründeten *Instituts für Friedensarbeit und Gewaltfreie Konfliktaustragung.*

Bisherige Veröffentlichungen zum Thema Gewaltfreiheit und Konfliktbearbeitung:

"Mediation - Vermittlung in Konflikten" (1993)
"Mediation in der Praxis - Erfahrungen aus den USA" (1996)

Mitarbeit bei den *Arbeits- und Aktionsheften* der Werkstatt für Gewaltfreie Aktion:
"Anleitung zum Mächtigsein - VerbraucherInnen-Boykott" (1987, vergriffen)
"Konsens - Anleitung zur herrschaftsfreien Entscheidungsfindung" (1990)

Christoph Besemer

Konflikte verstehen und lösen lernen

Ein Erklärungs- und Handlungsmodell zur Entwurzelung von Gewalt nach Pat Patfoort

Werkstatt für Gewaltfreie Aktion, Baden
Institut für Friedensarbeit und Gewaltfreie Konfliktaustragung

Christoph Besemer

Konflikte verstehen und lösen lernen

Ein Erklärungs- und Handlungsmodell zur Entwurzelung von Gewalt nach Pat Patfoort

Herausgegeben von der
Werkstatt für Gewaltfreie Aktion, Baden
und dem
Institut für Friedensarbeit und Gewaltfreie Konfliktaustragung

1. Auflage: Juni 1999

ISBN 3-930010-06-2

Umschlaggestaltung: Graphisches Atelier, Johannes Sternstein
Immenhofer Str. 17/1, 70180 Stuttgart
Tel. 0711-6493857, Fax 0711-6400147

Druck: Druckwerkstatt Kollektiv GmbH, Darmstadt
Feuerbachstr. 1, 64291 Darmstadt-Aarheilgen
Tel. 06151-373986

Bezug: Gewaltfrei Leben Lernen e.V.
Alberichstr. 9, 76185 Karlsruhe
Tel. 0721-552270, Fax 0721-558622

Institut für Friedensarbeit und
Gewaltfreie Konfliktaustragung
Postfach 2110, 32378 Minden
Tel. 0571-29456, Fax 0571-23019

Kontaktadressen: Werkstatt für Gewaltfreie Aktion, Baden
Am Karlstor 1, 69117 Heidelberg
Tel./Fax 06221-161978

Institut für Friedensarbeit und
Gewaltfreie Konfliktaustragung
Hauptstr. 35, 55491 Wahlenau
Tel. 06543-980096, Fax 06543-500636
E-Mail: jetztistgu@aol.com

Inhalt

2. Teil: Erweiterung des Konfliktmodells

(Alle Erweiterungen des Konfliktmodells stammen vom Autor und sind deshalb in diesem Teil nicht kursiv gedruckt.)

Vorwort von Pat Patfoort

Vor sechs Jahren hat Christoph Besemer am einzigen deutschsprachigen Seminar, das ich jemals durchgeführt habe, teilgenommen.
Im ersten Teil des vorliegenden Buches erklärt er das M-m-Modell (M = "Mehrposition", m = "Minderposition"), mit dem ich damals gearbeitet hatte. Als er dieses Buch schrieb, hatte er keine schriftliche Fassung des M-m-Modells vorliegen. Er konnte sich nur auf dieses viertägige Seminar stützen. Erst kürzlich, als er das Manuskript schon fertiggestellt hatte, erfuhr er, daß das grundlegende Buch, das ich über das M-m-Modell geschrieben habe, vom Holländischen ins Englische übersetzt worden ist.

Als ich den ersten Teil des Buches las, war ich überrascht, wie gut und tief er in diesen vier Tagen erfaßt hat, was meiner Meinung nach das Wesentliche des M-m-Modells ist. Christoph Besemer hat das Modell so klar und einfach erklärt, wie man es nur tun kann, wenn man es gründlich verstanden und aufgenommen hat. Er hat das Modell weiter ausgearbeitet und einige interessante Ergänzungen und klärende Klassifizierungen aufgenommen. Die wichtigen Punkte hat er betont und - mehr noch als ich - mit Zeichnungen die Sachverhalte deutlich gemacht.
Dies alles zusammengenommen bin ich also ziemlich glücklich, wie Christoph Besemer das M-m-Modell und die darauf beruhenden Mechanismen vermittelt und entwickelt hat.

Was ich im zweiten Teil des Buches besonders schätze, ist die Unterscheidung von zweierlei Art Machtausübung - der strukturellen und der personalen - und die verschiedenen "Konstellationen", die sich aus der Verbindung von beiden ergeben. Er benutzt dafür wieder die Zeichnungen - in sehr systematischer und klärender Weise - und präsentiert schließlich eine Übersichtstabelle der verschiedenen möglichen Kombinationen. Wichtig ist auch, daß er im gesamten Buch die Theorie immer durch Beispiele ganz konkret macht und zwar in einem ziemlich weiten Anwendungsspektrum. Jeder theoretische Schritt wird durch ein entsprechendes Beispiel konkretisiert. Oft wird auch ein und dasselbe Beispiel in verschiedener Weise entwickelt, um zu prüfen, wie und mit welchen Konsequenzen sich die verschiedenen Positionen des Modells auswirken. Interessant ist besonders die Gegenüberstellung von destruktiven und konstruktiven Verhaltensweisen. Christoph Besemer hat auch nicht vergessen, einige Hinweise zu geben, wie eine Dritte Partei intervenieren könnte und wie das Modell funktioniert, wenn mehr Personen im Konflikt beteiligt sind. Sogar auf die äußerst aktuellen

Probleme der Gewalt von Jugendlichen und der Rechtsradikalen hat er das Modell bezogen.

Für mich war es sehr interessant zu vergleichen, wie in den vergangenen Jahren das M-m-Modell von Christoph Besemer und wie es von mir weiterentwickelt worden ist. Diese zwei Entwicklungen sind unterschiedlich, ergänzen sich aber. So ist es schön, sich nach diesen Jahren wieder zu treffen und voneinander zu lernen. Bis jetzt hat das Treffen nur durch Briefe, Faxe und Telefonate bestanden. Aber ich freue mich auf eine persönliche Zusammenkunft, um die beiden Entwicklungen in intensiverer Weise gegenüberstellen zu können. Ich glaube, wir können voneinander lernen und vielleicht sogar das Wissen um Gleichwertigkeit und Gewaltfreiheit weiter vertiefen.

Pat Patfoort (Mai 1999)

Einleitung

Im Januar 1993 besuchte ich eine Fortbildung für TrainerInnen in gewaltfreier Konfliktlösung, die vom Schweizer Versöhnungsbund [1] organisiert worden war. Geleitet wurde das Seminar von Pat Patfoort, einer Trainerin aus Belgien. Sie stellte ein von ihr erarbeitetes Modell der Konfliktaustragung vor und zeigte, wie sie es im Alltag anwendet und in der Bildungsarbeit weitervermittelt. Viele der dabei benutzten praktischen Übungen konnte ich anschließend auch für meine eigene Seminare verwenden. Besonders hilfreich war jedoch das von ihr vorgestellte Konfliktmodell. Es hat den Reiz der Einfachheit und ermöglicht eine unkomplizierte, klare und schnelle Konfliktanalyse. Gleichzeitig läßt die Kombination der einfachen Grund-Bausteine eine tiefgründige Durchdringung komplizierter Konflikte zu.
Da es bis heute keine deutschsprachige Veröffentlichung von Pat Patfoort gibt, in der sie ihr Konfliktmodell vorstellt [2], habe ich es Anfang 1997 unternommen, ihren theoretischen Ansatz im Rahmen eines Artikels über "Gewaltfreie Konfliktlösung durch Deeskalation?" darzustellen *("Gewaltfreie Aktion", Heft 111/112* - in der vorliegenden Veröffentlichung wiederabgedruckt). Dies konnte in dieser Zeitschrift allerdings nur verkürzt geschehen. Deshalb stand eine ausführliche Beschreibung des Pat-Patfoort-Modells noch aus.
Die Verschriftlichung des bisherigen Standes dieses Modells war für mich jedoch nicht alleiniges Ziel. Vielmehr hatte ich schon vor einigen Jahren auf einem Arbeitstreffen des Institutes für Friedensarbeit und gewaltfreie Konfliktaustragung eine Weiterentwicklung dieses Modells vorgestellt. Es handelte sich um die Einarbeitung einer zusätzlichen Ebene, woraus sich vielfältige Kombinationsmöglichkeiten ergaben, und die praktische Anwendbarkeit dieser neuen Konstruktion. Dieses noch etwas unausgereifte "Gedankenspiel" wartete auf seine Ausarbeitung. Das ist mit diesem Buch geschehen und stellt den zweiten Teil der vorliegenden Veröffentlichung dar.
Ich hoffe, daß mit diesem erweiterten Konfliktmodell nicht nur theoretische Klärung erreicht wird, sondern daß es sich als eine praktische Hilfe für die konkrete gewaltfrei-konstruktive Konfliktarbeit erweist.

---

[1] Der Internationale Versöhnungsbund (International Fellowship of Reconciliation) ist ein Zusammenschluß von Menschen, die sich Gewaltfreiheit zum Lebensprinzip gemacht haben und weltweit für Frieden und Befreiung eintreten.
Deutscher Zweig: Postfach 3273, 32389 Minden, Tel. 04122-3663
Schweizer Zweig: Postfach 325, 9004 St. Gallen, Tel. 071-2441737

[2] Eine englischsprachige Veröffentlichung gibt es seit 1995: Pat Patfoort, Uprooting Violence. Building Nonviolence, ISBN 0-89166-015-1.

Allerdings sind Klärung und Praktikabilität nur eine Seite des erhofften Nutzens. Die andere und womöglich entscheidendere Seite ist die veränderte Sicht auf Gewalt und den Umgang mit Konflikten. Ausgangspunkt für die vorliegende Arbeit ist die Überzeugung, daß Gewalt abzulehnen ist und stattdessen gewaltlose Mittel zur Konfliktbearbeitung eingesetzt werden sollten. Das hier entwickelte Modell nimmt aber zugleich auch die "gewaltlosen" Mittel kritisch unter die Lupe und fördert ein tieferes Verständnis für den Ursprung und die Entwicklung von Gewalt. Nicht, um wieder zur Barbarei der Gewalt zurückzukehren, sondern um auf eine höheren Stufe der Gewaltfreiheit zu gelangen, die mehr ist als "Gewaltlosigkeit", wie sie oft verstanden und praktiziert wird. Das Konfliktmodell nach Pat Patfoort stellt auch manches, was gemeinhin als "gewaltfrei" gilt, in Frage und macht vieles von dem, was wir von Mohandas K. Gandhi her kennen, aber vielleicht nicht nachvollziehen konnten - z.B. seinen Respekt für den Gegner, die ständige Bereitschaft zum Dialog und sein Überzeugen- statt Zwingen-Wollen - als tiefe Wahrheit verständlich.

Das Buch richtet sich einerseits an Menschen, die beruflich oder im Alltag an einer Deeskalation von Gewalt und einer nachhaltigen Klärung von Konflikten interessiert sind - ich nenne sie "die KonfliktlöserInnen". Andererseits möchte ich die Menschen aus der "gewaltfreien Bewegung" ansprechen, die aktiv eintreten für die Überwindung institutionalisierter, struktureller Gewalt und den Aufbau gewaltfreier Alternativen. Die einen gehen dabei eher von psychologischen Erkenntnissen aus, die anderen vom ethischen Postulat der Gewaltfreiheit und von gesellschaftlich-politischen Einsichten und Konzepten. Beide Seiten sollten voneinander lernen. In der Verbindung beider Ansätze sehe ich die Möglichkeit, Gewalt und Gewaltstrukturen nachhaltig zu überwinden.

Die vorliegende Arbeit gibt nicht in allen Teilen die Meinung der herausgebenden Einrichtungen - der *Werkstatt für Gewaltfreie Aktion, Baden* sowie des *Instituts für Friedensarbeit und Gewaltfreie Konfliktaustragung* - wieder. Manche Punkte werden in diesen Einrichtungen durchaus kontrovers gesehen - z.B. die Anwendbarkeit des Modells auf politische Konflikte. Trotzdem soll der von Pat Patfoort und von mir vertretene Ansatz zur Diskussion gestellt werden.
Die Radikalität dieses Ansatzes läßt einige womöglich das Modell vorschnell verwerfen. Trotzdem halte ich ihn für eine unerläßliche Herausforderung für alle diejenigen, die gedanklich und praktisch, im persönlichen wie im politischen Bereich gewaltfreie Alternativen zu Destruktivität und Gewalt suchen.

1. Teil:

Das Konfliktmodell von Pat Patfoort

(Ergänzungen des Autors zum Pat-Patfoort-Modell sind in der Überschrift kursiv gedruckt.)

1. Am Anfang steht ein Konflikt ...

In einer Familie gibt es Streit um den nächsten Urlaub: Andreas möchte gerne nach Skandinavien, Brigitte lieber ans Mittelmeer. Ihre beiden Kinder im Kindergarten- bzw. Grundschulalter werden in die Auseinandersetzung nicht einbezogen. Je näher die Ferien rücken, desto emotionaler wird die Meinungsverschiedenheit ausgetragen. Die Positionen verhärten sich, zwischen den Eheleuten ist ein handfester Konflikt entstanden...

Dies könnte die Ausgangssituation für einen Streit sein, der immer weiter eskaliert und zur Unzufriedenheit einer oder beider beteiligten Eheleute endet, falls die Eheleute sich nicht aufs konstruktive Streiten verstehen und eine für beide Seiten akzeptable Lösung, eine "win-win"-Lösung, finden.

Auf jeden Fall muß erst einmal ein Konflikt da sein, bevor gewaltfreie Konzepte interessant werden. Gewaltfreiheit nur inmitten von Gleichgesinnten ist ebensowenig ein Kunststück wie ein Überlebenstraining im Supermarkt. Solange sie sich nicht im Konflikt bewährt, bleibt sie lediglich ein abstrakter und möglicherweise hohler Anspruch.

"Konflikt" ist im Verständnis von Pat Patfoort **eine Situation, in der sich zwei scheinbar unvereinbare Standpunkte/Handlungswünsche gegenüberstehen.** Der Handlungswunsch der einen Person schließt den Handlungswunsch der anderen aus. Der gemeinsame Urlaub kann entweder in Skandinavien oder am Mittelmeer stattfinden, aber nicht gleichzeitig in beiden Gegenden.

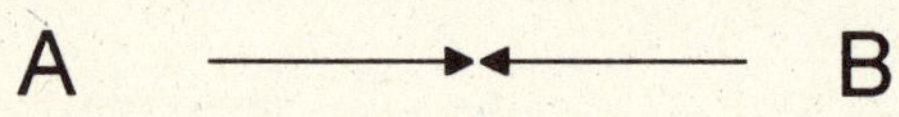

Oder - bezogen auf eine einzelne Frage (z.B. "Wollen wir im Urlaub nach Skandinavien fahren?") - sagt der eine Ja, die andere Nein:

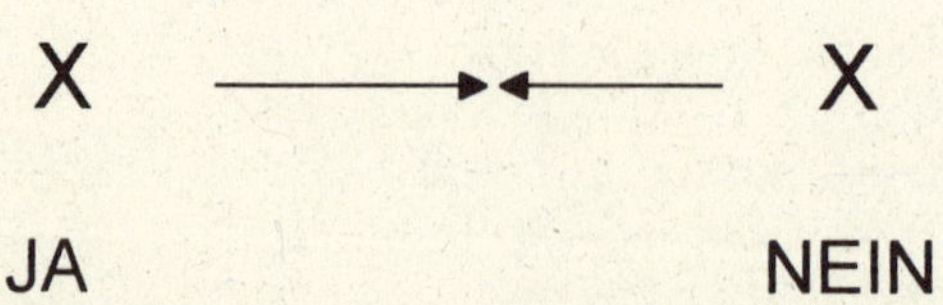

Eine Meinungsverschiedenheit reicht noch nicht aus, um von einem Konflikt zu reden, solange sie nicht in Handeln umgesetzt wird bzw. das Handeln beeinträchtigt. Unterschiedliche Handlungswünsche, auf die keine Seite großen Wert legt, werden jedoch auch kaum zu einem Konflikt führen. Es muß schon zumindest einer beteiligten Person wichtig sein, ihren Standpunkt durchzusetzen.

In den folgenden Ausführungen interessiert uns auch nur der Konflikt zwischen zwei oder mehreren Personen und nicht der Konflikt im Innern ein und derselben Person.

Der Konflikttheoretiker und -praktiker Friedrich Glasl hat eine umfassende und brauchbare Definition für interpersonelle Konflikte formuliert, die er "soziale Konflikte" nennt:

"*Sozialer Konflikt ist eine Interaktion*
- zwischen Aktoren (Individuen, Gruppen, Organisationen usw.),
- wobei wenigstens ein Aktor
- Unvereinbarkeiten
im Denken/Vorstellen/Wahrnehmen
und/oder Fühlen
und/oder Wollen
- mit dem anderen Aktor (anderen Aktoren) in der Art erlebt,
- daß im Realisieren eine Beeinträchtigung
- durch einen anderen Aktor (die anderen Aktoren) erfolge." [3]

Glasl führt dazu erläuternd aus:

"Dabei kommt es uns vor allem auf das folgende an:

° Es besteht eine Interaktion, also ein aufeinander bezogenes Kommunizieren oder anderes Handeln; es muß nicht immer grobes Gewalthandeln gegeben sein,

° es genügt, daß bloß einer der Aktoren die Unvereinbarkeit als solche erlebt und subjektiv dementsprechend handelt; objektiv läßt sich doch niemals zweifelsfrei feststellen, ob dieses Erleben da ist oder nicht,

° die Unvereinbarkeit kann im Denken/Vorstellen/Wahrnehmen, also bloß auf der kognitiven bzw. perzeptiven Ebene gegeben sein - aber es muß auch

---

[3] Friedrich Glasl, Konfliktmanagement. Ein Handbuch zur Diagnose und Behandlung von Konflikten für Organisationen und ihre Berater, 4., unveränderte Auflage, Verlag Haupt Bern, Verlag Freies Geistesleben Stuttgart, 1994, S. 14f

noch ein entsprechendes Realisierungshandeln (z.B. verbale Kommunikation) dazu kommen; kein sozialer Konflikt ist dann gegeben, wenn sich bloß unsere Denk- und Vorstellungsinhalte widersprechen - ohne daß es zu irgendwelchen Aktionen kommt (z.B. Überzeugungs- oder Bekehrungsversuche, brainwashing oder andere mentale Beeinflussungen),

° die Unvereinbarkeit kann auch im Gefühls- bzw. Willensleben gegeben sein; zu Beginn des Konflikts sind vielleicht nur widersprüchliche Begriffe vorhanden, die später auch das Fühlen und Wollen erfassen können,

° wenigstens eine Partei (Aktor) erlebt die Interaktion (ob zurecht oder zu unrecht ist gleichgültig) so, daß sie die Gründe für das Nicht-Verwirklichen der eigenen Gedanken und/oder Intentionen der anderen Partei zuschreibt; es ist dabei unerheblich, ob dies von der Gegenpartei bewußt oder unbewußt, willentlich oder unbeabsichtigt so geschieht,

° ohne die Realisierung und das Erleben der Beeinträchtigung (Behinderung, Blockade, Widerstand, Abwehr oder Angriff) seitens immerhin einer Partei kann von einem sozialen Konflikt sinnvollerweise gar nicht gesprochen werden. Denn sonst wäre unsere ganze Erdenexistenz per definitionem nur Konflikt, weil wir wahrscheinlich anders perzipieren und denken, anders fühlen und wollen als unsere Mitmenschen,

° selbst wenn nur eine Partei dies subjektiv so erlebt, wird sie sich auch in ihrer Kommunikation mit dem vermeintlichen Gegner und im übrigen Verhalten so benehmen, daß sie die Beeinträchtigung durch den anderen Aktor unwirksam machen will." [4]

2. ... und hinter dem Konflikt ein Problem

Nicht geklärt wird in den Definitionen von Pat Patfoort und Friedrich Glasl, was der Unterschied zwischen "Konflikten" und "Problemen" ist.
Denn offensichtlich gibt es in vielen Familien zwar unterschiedliche Ansichten über das nächste Urlaubsziel, aber es kommt deswegen nicht zu Konflikten: Die Frage des Urlaubsortes wird nur als Problem gesehen, das gemeinsam in einem konstruktiven Dialog geklärt werden kann. Zu einer solchen Problemlösung bedarf es vor allem kreativer Ideen und einer guten Zusammenarbeit.[5]

---

[4] Friedrich Glasl, a.a.O., S. 15

[5] Die Unterscheidung zwischen "Konflikt" und "Problem" ist auch in der Mediation,

Es liegt also nahe, den Schritt vom "Problem" zum "Konflikt" darin zu sehen, daß die ursprüngliche Meinungsverschiedenheit mit beziehungsbelastenden Emotionen aufgeladen wird, welche eine "vernünftige", sachliche Problemlösung erschweren bzw. unmöglich machen. Zum Ausgangsproblem ist also eine Beziehungsstörung hinzugetreten, aus dem Problem ist ein Konflikt geworden.

Problem + Beziehungsstörung = Konflikt

Das Problem ist auf der Sachebene angesiedelt, wie z.B. die Frage der Wahl des Urlaubsortes. Ein Sachproblem, bei dem die Betroffenen keine einvernehmliche oder überhaupt keine Lösung finden, kann jedoch eine Beziehungsbelastung nach sich ziehen: Der Frust darüber, keine befriedigende Handlungsalternative gefunden zu haben - und deshalb daheimzubleiben oder nachzugeben -, kann trotz gegenseitiger Dialogbereitschaft das Gefühl überhand nehmen lassen, daß man nicht zusammenpaßt und die Beziehung mehr einschränkt, als sie gibt. Dann könnte es doch noch zu einen Konflikt kommen - und zwar über die Partnerschaft. Oder die Eheleute schauen dem neu aufgetauchten Problem - dem Scheitern bei der gemeinsamen Urlaubsplanung - ins Auge und versuchen, dafür eine befriedigende Lösung zu finden, möglicherweise indem sie eine unterstützende Drittperson in das Gespräch einbeziehen.

3. *Konflikte ohne direkte persönliche Beziehung*

Nun ist allerdings auch eine Konfliktkonstellation denkbar, bei der die Akteure keine direkte persönliche Beziehung unterhalten, z.B. bei einem Autounfall oder in einem politischen Konflikt, sagen wir dem Bau einer Wohnanlage in einem bisherigen Kleingartengelände. Die AutofahrerInnen weisen sich gegenseitig die Schuld zu und wollen die Kosten von sich abwälzen, ohne daß sie sich persönlich kennen. Die KleingärtnerInnen protestieren gegen die Entscheidung der Stadt, auf ihrem Gelände zu bauen, ohne die politisch Verantwortlichen und die investierende Baugesellschaft überhaupt einmal zu Gesicht bekommen zu haben. Wie kann da eine Beziehungsstörung

---

der Vermittlung in Konflikten, ein hilfreiches Unterfangen. In der Konfliktbearbeitung werden hier im ersten Schritt die emotionalen Blockaden oder Verletzungen der Vergangenheit so weit aufgelöst, daß im zweiten Schritt eine zukunftsorientierte, gemeinschaftliche Lösung des aufgetretenen Problems möglich wird.

eintreten? Ist der Zusammenprall verschiedener Interessen hier nicht von vornherein ein Konflikt und nicht nur ein Problem?

Die Beziehungsebene ist nicht nur der ständige persönliche Kontakt. Die AutofahrerInnen, die womöglich durch ihre Versicherungen vertreten werden, haben neben der schwachen persönlichen Beziehung, die sich im Augenblick des Unfalls und kurz danach ergeben hat, eine weitere, formale Beziehung: Sie stehen sich als Rechtspersonen gegenüber. Diese Art von Beziehung birgt besonderes Konfliktpotential:

Durch die Geschäftsbestimmungen der Versicherungen und die Gesetze ist festgelegt, wie der Interessengegensatz aufgelöst wird: Zahlen muß, wer "schuldig" ist - auch wenn dies eine recht zweifelhafte Schuldzuschreibung sein mag. Was die eine Seite gewinnt, verliert die andere - ein typisches "Nullsummen-Spiel". Die verrechtlichte Beziehung läßt wenig Spielraum für individuelle Lösungen, die alle Beteiligten zufriedenstellen. Persönliche Gefühlsregungen spielen keine Rolle oder werden eher als störend empfunden. Die Beziehung ist von vornherein "gestört", wenn die rechtlichen Regelungen auf einem Sieg-Niederlage-Prinzip beruhen. Denn niemand gerät gerne in die Verlierer-Position.

Ähnlich verhält es sich in dem Beispiel aus dem kommunalpolitischen Bereich: Hier sind es nicht nur die Gesetze, sondern auch die Machtungleichgewichte zwischen den Beteiligten, welche eine Beziehungsstörung verursachen können. Für eine vernünftige, rein sachliche Problemlösung ist kein Raum, wenn Entscheidungen über die Köpfe der Betroffenen hinweg getroffen werden und diese damit nicht einverstanden sind. Es ist in unserem politischen System (noch) nicht vorgesehen, daß Widerspruch von Betroffenen zu einem ergebnisoffenen Dialog mit Verwaltung, PolitikerInnen und Wirtschaft führt. Es bleiben der rechtliche Weg, der wie beim vorhergehenden Beispiel meist ein Sieg-Niederlage-Weg ist, oder der Protest und die direkte Aktion, die aus dem Nichtgehörtwerden herausführen sollen. Eine Beziehung, die durch ein strukturelles Machtungleichgewicht geprägt ist, welches bei einem Interessengegensatz die eine Seite begünstigt und die andere benachteiligt, ist eine gestörte Beziehung, auch wenn sich die Personen persönlich nicht kennen oder sich sogar menschlich sympathisch sind. Wenn sich jedoch die Benachteiligten mit der ungleichgewichtigen Machtstruktur abfinden oder sich damit identifizieren, empfinden sie die Beziehung nicht als gestört. Ausschlaggebend ist die subjektive Wahrnehmung. Es würde dann auch keinen Protest und keinen Widerstand geben, denn das Problem würde nicht als Konflikt erlebt werden.

I. Destruktiver Umgang mit Konflikten

Schauen wir uns das oben beschriebene Konfliktbeispiel nun etwas genauer an. Wie könnte sich dieser Streit weiter entwickeln? Zunächst soll uns nur die negative Variante interessieren, d.h. wenn beide nicht konstruktiv streiten. Der Kürze und Einfachheit halber ist die Darstellung bewußt etwas klischeehaft überzogen.
Anhand des Beispiels sollen dann die Mechanismen destruktiver Konfliktaustragung aufgezeigt und veranschaulicht werden.

Andreas und Brigitte sitzen beim Abendessen. Das Thema des Urlaubsortes kommt wieder zur Sprache:

A.: Ich habe ein günstiges Angebot für eine Ferienwohnung direkt an einem Fjord in Norwegen gesehen. Wir sind schon spät dran und sollten deshalb sofort buchen.

B.: Nein, ich möchte das nicht. Ich habe dir doch schon gesagt, daß ich nicht in den Norden in den Urlaub fahren will!

A.: Aber jetzt schau doch mal: Wir haben dort doch auch das Meer - direkt vor der Haustüre. Und letzten Sommer war in Skandinavien sogar besseres Wetter als in Südeuropa. Außerdem zeigen wissenschaftliche Untersuchungen, daß der Erholungswert in Skandinavien um einiges besser ist als in Italien oder Spanien.

B.: Deine wissenschaftlichen Untersuchungen kannst du dir schenken, ich erhole mich besser im Süden. Und deine Prognosen kennen wir ja: Vorletztes Jahr, der Urlaub in diesem Regenloch, das war doch der größte Flop aller Zeiten. Da hatte ich dich auch gewarnt, aber du wolltest ja nicht auf mich hören!

A.: Da war das Wetter überall schlecht! Wären wir zwei Wochen später gefahren, hätten wir das beste Wetter gehabt. Aber du wolltest ja unbedingt gleich zu Ferienbeginn fahren. Und überhaupt: Durch das Ozonloch ist die Sonneneinstrahlung in Südeuropa gefährlicher denn je. Die Kinder sind dort einem erhöhten Krebsrisiko ausgesetzt. Und das Wasser ist ja mittlerweile die reinste Dreckbrühe!

B.: Du willst immer nur deinen Kopf durchsetzen, meine Argumente zählen bei dir nichts!

A.: Welche Argumente? Ich höre nur Vorwürfe und unqualifizierte Meinungen. Sei doch mal vernünftig und nicht so halsstarrig!

B.: Also, das ist doch das Letzte! Jetzt soll ich also unvernünftig und halsstarrig sein, bloß weil ich dir nicht recht gebe? Dann sage ich halt gar nichts mehr.

A.: Mit dir kann man einfach nicht reden! Und wenn du mit Argumenten nicht mehr weiterkommst, ziehst du dich in dein Schneckenhaus zurück. Ich habe das Ganze satt. Wer schafft denn hier die Kohle ran und muß sich immer um den Urlaub kümmern? Jetzt ist Schluß: Ich buche die Ferienwohnung in Norwegen. Basta!

Brigitte verläßt den Raum und knallt die Türe zu.

Andreas geht ihr nach: Sei nicht so hysterisch und benimm dich anständig! Die Kinder schlafen schon.

B.: Laß mich in Ruhe, du eingebildeter Egoist! Die Kinder sind dir doch im Grunde egal! Dir geht es doch immer nur um dich selbst!

Andreas gibt Brigitte eine Ohrfeige.

B.: Das machst du nicht noch einmal!!
Brigitte packt ein paar Sachen und verläßt die Wohnung.

1. Grundelement destruktiver Konfliktaustragung

Andreas und Brigitte versuchen jeweils auf ihre Art, ihren Standpunkt durchzusetzen. Beide streben mit den ihnen zur Verfügung stehenden Mitteln eine Überlegenheitsposition an, Pat Patfoort nennt es die "Mehr-Position". Dadurch gerät die andere Seite in eine "Minder-Position", in eine Unterlegenheit.

Bildlich läßt sich das folgendermaßen darstellen:

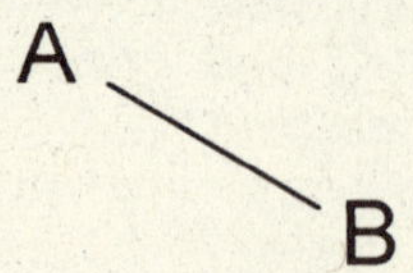

Eine Mehr-Position setzt zwangsläufig das Vorhandensein einer Minder-

Position voraus und umgekehrt. Nur wenn sich eine Position als überlegen von der ihr entgegengesetzten Position absetzen kann, wird sie zur Mehr-Position. Und eine Minder-Position ist nur möglich, wenn sie einer stärkeren Position gegenüber unterlegen ist.

Folgende Begriffspaare können als mögliche Beispiele für ein solches Gefälle angeführt werden:
mächtig - ohnmächtig; reich - arm; gebildet - unwissend; stark - schwach; groß - klein; einheimisch - fremd; vorgesetzt - untergeben.

Eindeutige Zuordnungen sind jedoch schwierig, da die Über- oder Unterlegenheit je nach Persönlichkeit oder dem gesellschaftlichen und kulturellen Umfeld anders bewertet werden kann. Letztendlich kommt es jedoch auf die subjektive Einschätzung der Konfliktbeteiligten an, wie sie ihre Position und die ihres Gegenübers erleben.

2. Streben nach Überlegenheit

2.1. Verbale Mittel

Pat Patfoort teilt die verschiedenen Möglichkeiten, in eine Mehr-Position zu gelangen, in drei Kategorien ein:

a) die "sanfte" Methode:

> Die eigene Position wird angehoben, indem man die positiven Aspekte des eigenen Standpunkts herausarbeitet.
> Das geschieht z.B. durch Argumentieren, Verweise auf Autoritäten und Wissenschaften, Logik und Beweisführung.
> *Bsp.: Andreas lobt die Vorteile des Nordens und verweist auf eine wissenschaftliche Untersuchung, die seine Position stützt.*

b) die "starke" Methode:

> Die Position der anderen Person wird heruntergeholt, indem man die negativen Aspekte und Schwachstellen ihres Standpunkts aufzeigt.
> Das geschieht z.B. durch Kritisieren, Widerlegen, Widersprüche aufzeigen.
> *Bsp.: Brigitte verweist auf eine frühere falsche Prognose von Andreas.*
> *Andreas zählt die Nachteile und Gefahren des Urlaubs im Süden auf.*

c) die "superstarke" Methode:

Die Position der/des anderen wird abgewertet, indem man negative Aspekte der anderen Person anführt. Das geschieht z.B. durch Abwertungen, Vorwürfe, Angriffe, Beleidigungen - die typischen Du-Botschaften.
Bsp.: Brigitte wirft Andreas vor, daß er nur seinen Kopf durchsetzen wolle.
Andreas wertet Brigittes Beiträge als unqualifiziert ab und bezeichnet sie als halsstarrig. Später steigern beide die gegenseitigen persönlichen Angriffe und Verletzungen.

In den angeführten Streitszenen werden also verschiedene verbale Methoden angewandt, um eine Überlegenheitsposition zu erreichen, die man auch als "Eigenlob", "Kritik" und "Abwertung der anderen Person" bezeichnen könnte. Die oft destruktive Wirkung dieser Methoden - besonders der "sanften" und der "starken" - wird häufig übersehen. Vielmehr werden gerade das Diskutieren und das Argumentieren als die klassische Form gewaltfreier Konfliktaustragung bezeichnet. Dabei wird nicht erkannt, daß auch Worte Waffen sein können. Sie können andere ebenso kleinmachen und in eine Ohnmachtsposition bringen wie physische Waffen. "Kluge", belehrende Worte werden einen weniger sprachgewandten oder gebildeten Menschen eben nicht überzeugen, sondern eher provozieren, wenn dieser den Eindruck hat, daß sein Anliegen nicht ernstgenommen, sondern mit Worten abgebügelt wird. Anfeindungen wie "Klugscheißer", "eingebildeter Schnösel" o.ä. können die Reaktion sein - und ein weiterer Schritt zur Eskalation.
In der Dynamik destruktiver Konfliktaustragung, die sich aus dem Überlegenheitsstreben ergibt, können die beschriebenen verbalen Methoden die Vorläufer offener Gewalt sein und tragen damit den Kern der Gewaltsamkeit schon in sich.

2.2. *Nonverbal-physische Mittel und indirekte Methoden*

c) die superstarke Methode (Fortsetzung):

Außer der Sprache gibt es auch nonverbal-physische Mittel, um in die Mehr-Position zu gelangen.
Die im folgenden aufgeführten nonverbal-physischen Mittel können nach der Kategorisierung von Pat Patfoort der "superstarken Methode" zugerechnet werden. Da sie sich jedoch in der Wirkungsweise unterscheiden, möchte ich diese Mittel danach unterteilen, auf welcher Ebene sie ansetzen:

1. Moralische Ebene:

Der anderen Person soll ein schlechtes Gewissen gemacht werden, indem man sie spüren läßt, wie sehr man selbst oder andere unter ihrem Verhalten leiden bzw. indem man sich selbst Schaden zufügt.
Dies kann geschehen durch Weinen, Fasten/Hungern, Krankwerden, Selbstverstümmelung etc.

2. Psychische Ebene:

Die andere Person wird ohne Worte abgewertet und beleidigt - z.B. durch herabsetzende Handbewegungen, verachtende Blicke, Ausspucken, Auslachen etc. Natürlich ist die vorangegangene moralische Ebene ebenfalls eine psychische Ebene. Aktivitäten auf der moralischen Ebene appellieren jedoch - unausgesprochen - an moralische Werte, während mit dieser zweiten Kategorie Angriffe auf die Würde der anderen Person gemeint sind.

3. Körperliche Ebene:

Der anderen Person werden Schmerzen und Verletzungen zugefügt, z.B. durch Schläge oder Waffen. Im Extremfall wird die andere Person auf direkte (Totschlag, Mord) oder indirekte Weise (z.B. Verhungernlassen) getötet.

Zusätzlich zu den Unterscheidungen von Pat Patfoort halte ich die Einführung einer weiteren Methode für sinnvoll:

d) die indirekte Methode:

Die andere Person wird durch Maßnahmen beeinflußt, die sich nicht direkt an sie wenden, aber ihr Wohlbefinden oder ihre Entfaltungsmöglichkeiten behindern.

1. Entzug: Dies kann geschehen, indem man sich entzieht bzw. den Kontakt abbricht z.B. durch Nicht-Zuhören, Ignorieren, Weggehen etc.
Bsp.: Brigitte schweigt und verläßt später das Zimmer und schließlich das Haus

2. Struktureller Zwang: Eine, meist die strukturell mächtigere Seite schafft vollendete Tatsachen oder schränkt durch ihre Mittel die Handlungsfreiheit der anderen Person ein, z.B. durch Taschengeldentzug,

Lohnkürzung, Entlassung, Nichtzusammenarbeit etc.
Bsp.: A. verweist darauf, daß er der Verdiener in der Familie ist, und kündigt an, die von ihm gewünschte Ferienwohnung zu buchen.

3. Sachbeschädigung: Das Eigentum der anderen Person oder sonstige Dinge werden bewußt und provokativ beschädigt oder zerstört - z.B. durch das Beschmieren von Wänden, Einschlagen von Scheiben, Zerstechen von Reifen, Abreißen von Hütten etc.
Im Urlaubskonflikt-Beispiel könnte Brigitte demonstrativ die Ferienwohnungs-Unterlagen und Prospekte über Norwegen zerreißen.

3. *Übersicht: Mittel der Durchsetzung*

Um einen Überblick zu bekommen, mit welch vielfältigen Mitteln Macht - meist destruktiv - ausgeübt werden kann, hier eine (unvollständige) Übersicht:

Worte/Sprache	*Diskutieren, Argumentieren, Schimpfen, Drohen, Verhöhnen, Sich-lustig-Machen, Kränken, Beleidigen, Denunzieren*
Nonverbale Mitteilungen	*Schweigen, Schmollen, Grimassen-Schneiden, Blicke, Weinen, Schreien, Hungern, Sich-Übergeben, Krankwerden, Weggehen, Sich-Entziehen, Lachen, Auslachen, Nicht-Zuhören, Ignorieren*
Einsatz von Körperkräften	*Drücken, Festhalten, Zerren, Puffen, Kratzen, Boxen, Schlagen, Würgen, Vergewaltigung*
Gebrauch von Hilfsmitteln/Waffen	*Prügeln, Stechen, Schneiden, Foltern, Vergiften, (Er-)Schießen, Sprengen, Verwüsten.*
Einsatz struktureller Macht	*Angebot, Einsatz oder Entzug von Geld/Werten, Disziplinarmaßnahmen, Kündigen, Entlassen, Entziehen von Rechten und Freiheiten, Strafen, Ins-Gefängnis-Werfen, Blockieren, Boykottieren, Streiken, Gehorsamverweigerung*

Die Reihenfolge der Kategorien und der aufgezählten Maßnahmen bedeutet nicht unbedingt, daß die später genannten Kategorien und Maßnahmen stärker wirken als die vorhergehenden. Wie die Aktionen im einzelnen wirken, soll hier nicht erörtert werden.

Auch wird nicht unterschieden zwischen gewaltsamen und gewaltfreien Maßnahmen. Denn, ob eine Handlung gewaltfrei ist oder nicht, darüber entscheidet nicht nur der unmittelbar verletzende Charakter der Handlung, sondern - nach meinem Verständnis - auch deren indirekte und soziale Wirkung, die vom jeweiligen Kontext abhängt. Dazu folgen später nähere Ausführungen.

Eine dritte Aussparung betrifft die Frage, ob eine Eskalation immer negativ zu bewerten ist oder ob sie manchmal auch eine konstruktive Wirkung haben kann. Diese Frage wird später, insbesondere im anschließenden Artikel "Gewaltfreie Konfliktlösung durch Deeskalation?", erörtert.

Die Möglichkeiten, die Durchsetzungsmaßnahmen abzustufen bzw. zu steigern, lassen sich noch erweitern durch die Varianten: Grad der Verwirklichung (Androhung - tatsächliche Durchführung), Intensität, Dauer, Häufigkeit und Anzahl der Handelnden:

Mittel der Durchsetzung	*verbale*	*nonverbale*	*Körperkraft*	*Waffen*	*strukturelle*
Grad der Verwirklichung	*Androhung*		*Durchführung*		
Intensität	*schwach*		*mittel*	*stark*	
Dauer	*kurz*		*mittellang*	*lang*	
Häufigkeit	*einmal*		*mehrmals*	*oft*	
Anzahl der Handelnden	*EinzelneR*	*kleine Gruppe*	*große Gruppe*	*Menge*	

4. *Wirkungsweise der Durchsetzungsmaßnahmen*

Die Mittel, sich durchzusetzen, unterscheiden sich darin, welcher Art der Beeinflussung die andere Person/Seite ausgesetzt wird. Doch die Mittel sagen noch nichts darüber aus, ob das Ziel erreicht wird. Zwar wird weithin davon ausgegangen, je materieller und physischer die Mittel seien, desto wirksamer seien sie. Darauf gründet sich auch die häufig anzutreffende Einschätzung, daß gewaltsame, militärische Mittel dem gewaltlosen

Widerstand überlegen seien. Doch Körperkraft und Waffen können nur **verhindern**, daß etwas Physisch-Physikalisches getan wird (z.B. Reden, Nahrung zu sich nehmen, sich an einen Ort bewegen, ein Haus bauen, eine Rundfunkansprache halten). Im Extremfall kann durch medizinische Eingriffe auch das seelisch-geistige Leben **eingeschränkt** werden. Diese Mittel können aber nicht unmittelbar erzwingen, daß etwas Bestimmtes **getan** wird. Denn das Handeln unterliegt dem eigenen Willen, und der läßt sich nur indirekt beeinflussen. So ist es möglich, daß Menschen durch ihre Willenskraft - aufgrund ihrer Überzeugung oder ihres Glaubens - jedem Beeinflussungsversuch widerstehen und zu nichts gezwungen werden können. Zeugen Jehovas und andere Kriegsdienstverweigerer haben selbst unter dem Terror des Nazi-Regimes den Militärdienst konsequent abgelehnt; Widerstandskämpfer haben die schlimmste Folter erlitten, ohne ihre Geheimnisse preiszugeben oder ihren Ideen abzuschwören. Das Äußerste, was ein Unterdrücker tun kann, ist, die widerstrebende Person umzubringen. Damit hat er aber sein eigentliches Ziel nicht erreicht, nämlich sich durchzusetzen und Folgeleistung zu erzwingen. Im Gegenteil, er hat sich selbst die Möglichkeit genommen, jemals das zu erreichen, was er ursprünglich haben wollte. Einzige Ausnahme ist, wenn tatsächlich die Vertreibung oder Auslöschung der Gegenseite das Ziel ist.

Dem physischen Zwang sind also Grenzen gesetzt, sofern sich Menschen von ihm nicht in ihrem Willen beugen lassen. Alle Durchsetzungsmittel wirken also nur über ihre psychische Wirkung auf die andere Person, wenn von ihr aktives Handeln verlangt wird. Verhinderung von Handlungen und Einschränkung von Lebensmöglichkeiten können jedoch direkt bewirkt werden.

5. Unterlegenheit erzeugt Aggression

Kehren wir zum Konfliktmodell von Pat Patfoort zurück. Das Gegensatzpaar Mehr-Position - Minder-Position ist für sie die "Wurzel der Gewalt", weil es eine Spannung erzeugt, die zu destruktivem Überlegenheitsstreben und immer gewalttätigeren Handlungen treibt. Diese Spannung rührt daher, daß der Mensch eine Minder-Position unerträglich findet, weil sie seinen Selbsterhaltungstrieb oder sein Selbstwertgefühl beeinträchtigt. Die Minder-Position schnürt seine Lebens- und Entfaltungsmöglichkeiten ein und führt im Extremfall zum Tod.

Wie bei einem Ball, der unter die Wasseroberfläche gedrückt wird, entsteht ein Gegendruck, eine entgegengesetzte Energie, die auf eine Änderung dieses Zustands ausgerichtet ist.

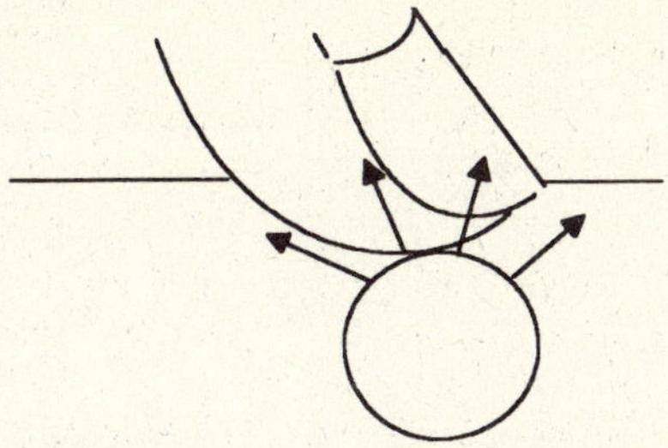

Sie ist eine (Über-)Lebensenergie, die Pat Patfoort als "Aggression" bezeichnet. "Aggression" wird hierbei als eine zunächst wertfreie Energie verstanden, die dem Menschen Antrieb und Kraft gibt, einen unangenehmen oder unerträglichen Zustand zu verändern. Ob sie einen positiven oder einen negativen Charakter annimmt, zeigt sich erst im zweiten Schritt, in der konkreten Anwendung dieser Energie.

Anmerken möchte ich an dieser Stelle, daß nicht jede Mehr-Minder-Situation sofort zur Freisetzung von Aggression(senergie) führen muß. Die Reaktion hängt davon ab, wie hoch die Frustrationstoleranz einer Person ist, d.h. wie weit sie gewisse Herabsetzungen oder Einschränkungen ohne Groll hinnehmen und ertragen kann bzw. ab wann sie dagegen innerlich rebelliert. Psychisch gefestigte Personen können sicherlich mehr "einstecken", ohne aus dem Gleichgewicht zu geraten, als psychisch labile Menschen.
Außerdem werden bestimmte Mehr-Minder-Verhältnisse, wie z.B. Hierarchien oft akzeptiert oder gar von Untergebenen verlangt.

Es gibt nun drei Hauptrichtungen, in welche die Aggressions-Energie gerichtet werden kann: die vertikale Eskalation, die Ableitung auf Dritte und die Selbst-Aggression.

6. Vertikale Eskalation

Eine vertikale Eskalation entwickelt sich durch folgendes Reaktionsmuster:
Person A hat sich eine Mehr-Position erobert, um seine Interessen durchzusetzen. Somit befindet sich Person B in der Minder-Position, was sie so nicht akzeptieren will. Sie versucht nun ihrerseits, sich in eine Mehrposition zu bringen, indem sie zu einem Durchsetzungsmittel greift, das A "übertrumpft":

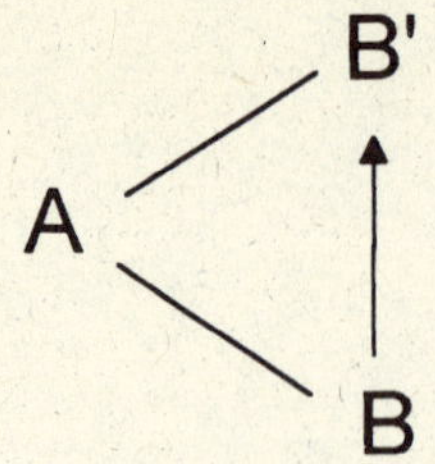

Beispiel:

Nachdem Andreas durch Argumente seine Position gestärkt hat, entzieht sich Brigitte seiner Logik, indem sie argumentiert: "Ich erhole mich im Süden besser!" Und sie greift den Wert seiner Argumente an, indem sie auf eine Fehlprognose von Andreas im vorletzten Jahr hinweist. Dabei mischt sie schon einen leichten Angriff auf seine Person dazu: "... aber du wolltest ja nicht auf mich hören!"

A befindet sich nun also in der Minderposition und legt nun seinerseits zu, um seine "Ehre" zu retten und wieder die Überhand zu gewinnen:

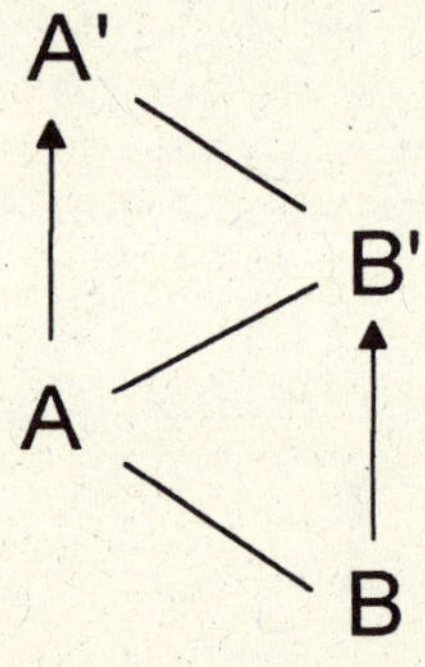

Beispiel:

Andreas greift jetzt die Position von Brigitte auf der persönlichen und auf der sachlichen Ebene an: Er gibt ihr die Schuld für den Reinfall im vorletzten Jahr ("Du wolltest ja am Fereinbeginn fahren!"), rechtfertigt sich ("Es hat überall geregnet.") und "demontiert" Brigittes Urlaubsideal mit dem Hinweis auf schlechte Wasserqualität und erhöhtes Krebsrisiko im Süden.

Da keine/r von beiden klein beigeben will, steigert sich die Auseinandersetzung immer weiter. Immer stärkere "Geschütze" werden aufgefahren, um sich zu verteidigen und durchzusetzen. Es gibt zunehmend heftigere Angriffe, das Thema verlagert sich von der ursprünglichen Sachfrage auf Themen der Beziehung und der Qualität der Personen. Die Art der Auseinandersetzung liefert immer neuen Anlaß, die andere Person abzuwerten und sich mit allen Mitteln zur Wehr zu setzen. Dies kann in einem Riesenkrach enden, vor Gericht oder in einer tätlichen Auseinandersetzung:

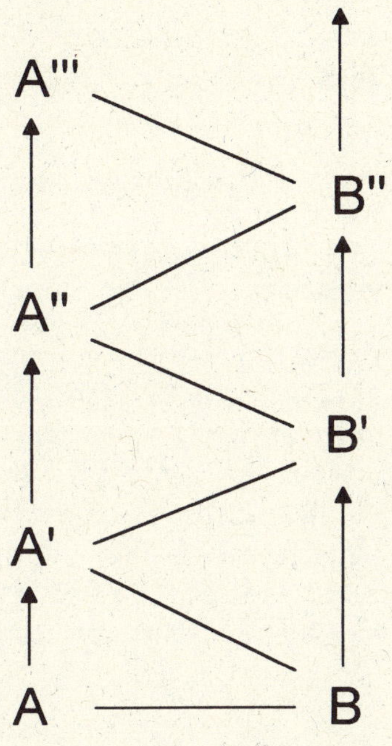

Beispiel:

Brigitte greift Andreas und sein Verhalten in ihrer Beziehung an: "Du willst immer nur deinen Kopf durchsetzen, meine Argumente zählen bei dir nichts!

Andreas wertet Brigittes Argumente und Person ab: "...unqualifizierte Meinungen. Sei doch mal vernünftig und nicht so halsstarrig!"

Brigitte entzieht sich durch Schweigen und beharrt weiter auf ihrem Standpunkt: "Dann sage ich halt gar nichts mehr."

Andreas verweist auf seine Verantwortlichkeiten und damit auch Machtmittel und kündigt an, vollendete Tatsachen zu schaffen: "Wer schafft denn hier die Kohle ran und muß sich immer um den Urlaub kümmern? ... Ich buche die Ferienwohnung in Norwegen. Basta!"

Brigitte steigert ihre nonverbalen Durchsetzungsmittel durch Weggehen und Türzuschlagen.

Andreas beschimpft Brigitte als "hysterisch" und versucht, ihr ein schlechtes Gewissen zu machen: "Benimm dich anständig! Die Kinder schlafen schon!"

Brigitte beschimpft Andreas ebenfalls und qualifiziert ihn moralisch ab: "... du eingebildeter Egoist! Die Kinder sind dir doch im Grunde egal! Dir geht es doch immer nur um dich selbst!"

Andreas greift zu physischen Mitteln, er gibt Brigitte eine Ohrfeige.

Brigitte droht (indirekt): "Das machst du nicht noch einmal!!" und steigert ihr Entziehen durch Verlassen der Wohnung.
...

Die Frage, wie schnell und in welchen Bereich die Auseinandersetzung eskaliert, hängt von den Stärken und Schwächen der Konfliktbeteiligten ab: Intellektuelle werden sich zunächst vor allem auf der sprachlichen Ebene streiten. InhaberInnen von Machtpositionen werden möglicherweise früher strukturelle Sanktionen einsetzen (können). Kinder und Jugendliche werden eher früher nonverbal und körperlich reagieren, wenn sie ihre sprachliche und strukturelle Unterlegenheit gegenüber Erwachsenen spüren.

Gewöhnlich nehmen im Verlauf der Eskalation der Einsatz zerstörerischer, meist physisch-technischer Mittel zu.

7. Aggressionsableitung auf Dritte

Die vertikale Eskalation ist nur eine Möglichkeit, seine Aggression einzusetzen. Sie setzt voraus, daß man eine Chance sieht, gegen die andere Seite anzukommen, und auch den Willen und den Mut dazu hat, diese Chance zu nutzen. Ist dies nicht der Fall, kann die unterlegene Person den direkten Widerstand gegen ihren Widersacher aufgeben und ihre Aggression gegen eine andere, meist schwächere Person lenken. Ihr gegenüber setzt sie sich in die Mehr-Position und kann sich damit ihr Selbstwertgefühl

wiederherstellen. So könnte z.B. ein von seinem Chef gemaßregelter Angestellter zuhause seine Frau beschimpfen, weil ihm die aufgebackene Pizza nicht heiß genug ist. Die Frau könnte wiederum ihren Frust ableiten, indem sie die Kinder herumkommandiert.
Person B, die von Person A in die Minder-Position gebracht wurde, verwendet ihre Aggressionsenergie also nicht zu einem "Kampf" mit Person A, sondern sucht sich ein anderes "Opfer". Diese Person C wird also als Sündenbock oder einfach als Ersatzobjekt benutzt:

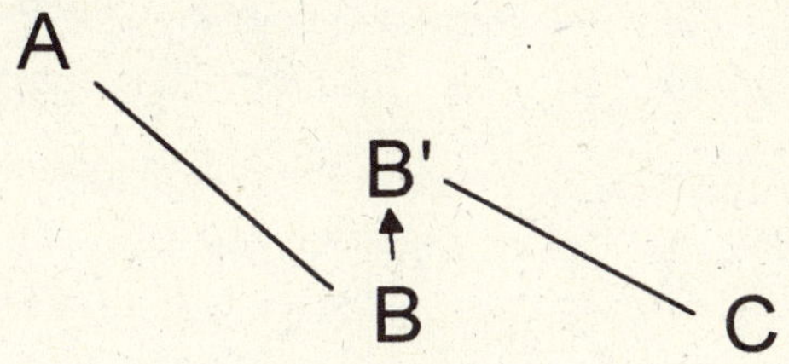

Beispiel:

In unserem Beispiel von Andreas und Brigitte könnte Brigitte am nächsten Tag die Tochter Clara mit Aufgaben und Anweisungen überhäufen und sich auf keine Diskussion darüber einlassen.

C kann seinen Konflikt mit B nun ebenfalls entweder vertikal eskalieren oder sich seinerseits ein anderes Opfer suchen und damit die "Kette der Gewalt" in horizontaler Richtung weiterführen. Dasselbe gilt für die nachfolgenden Glieder dieser Kette:

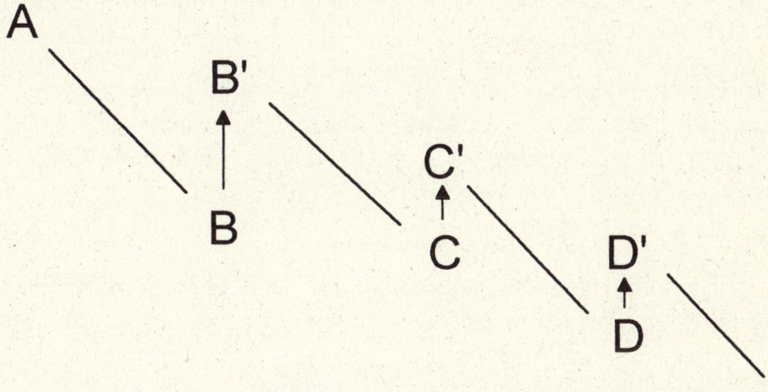

Beispiel:

Clara läßt ihren Frust an ihrem kleinen Bruder Dieter aus, der wiederum in seinem Ärger der Katze einen Fußtritt gibt und ein ziemliches Chaos in seinem Zimmer anrichtet.

Je weniger "verfeinerte" Durchsetzungsmittel - wie Sprachgewandtheit, Geld oder hierarchische Macht - die Betroffenen haben, desto eher werden sie auf offene, physische Gewalt zurückgreifen - auch in der Form von Sachzerstörung und Vandalismus. Die Aggressionsableitung auf Dritte kann also wie die direkte Konfrontation zu einer Eskalation der (physischen) Gewalt führen.

Die Aggressionsableitung auf Dritte eignet sich in besonderer Weise, wenn die Opfer schwächer sind oder in der Hierarchie weiter unten stehen als man selbst. Sie kann aber auch gegenüber Gleichrangigen geschehen, wobei dies die Gefahr von direktem Widerstand und einer vertikalen Konflikteskalation vergrößert.

In Hierarchien mit eindeutigen Befehls-Gehorsams-Strukturen wie etwa beim Militär gleitet die Aggression in einer institutionalisierten Kette von Mehr-Minder-Paaren von der oberen zur unteren Ebene. Pat Patfoort nennt das die "institutionalisierte Methode: die Gehorsams- oder Hierarchiekette". Die unten führen die "Drecksarbeit" aus und weisen die eigene Verantwortlichkeit von sich, da sie ja auf Befehl handeln. Die Verantwortlichen oben - so möchte ich hinzufügen - entziehen sich jedoch ebenfalls der Verantwortung, wenn sie z.B. argumentieren, daß sie persönlich ja keinen Menschen töten oder verletzen und in ihren Entscheidungen auch nicht frei, sondern "Sachzwängen" ausgesetzt seien.

Die Aggressionsableitung auf Dritte bietet sich auch in besondere Weise für Situationen an, bei denen die andere Konfliktpartei nicht greifbar ist, sei es nach einem Einbruch oder im Straßenverkehr, wenn der Dieb bzw. die VerursacherIn eines Lackschadens längst über alle Berge ist, wenn man den eigenen Schaden entdeckt.

Wenn Konfliktbeteiligte ihre Aggression auf unbeteiligte Dritte verschieben, die vielleicht nur einen geringfügigen Anlaß zum Ärger geboten haben, erscheinen ihre aggressiven und gewalttätigen Handlungen unerklärlich. Denn der eigentliche Hintergrund für die Gewalttätigkeit ist den Betroffenen und Dritten nicht einsichtig und selbst den Tätern oft nicht bewußt. Vielleicht liegt es daran, daß Gewalt und Aggression häufig als natürlicher Trieb oder als schlechter Charakter mystifiziert werden. Eine Einsicht in den Enstehungszusammenhang der Gewalt dürfte zu einem anderen Bild führen.

8. Selbst-Aggression

Wer keine Chance sieht, sich gegenüber seinem Widersacher oder gegenüber "Ersatzobjekten" durchzusetzen oder dies bewußt unterläßt - z.B. aus ethischen oder religiösen Gründen -, kann die Aggression gegen sich selbst lenken. Dies kann bewußt geschehen z.B. in Form von Selbstverstümmelung (z.B. beim Militär) oder viel häufiger unbewußt in Form von Herunterschlucken des Ärgers, Depression und psychosomatischen Krankheiten.

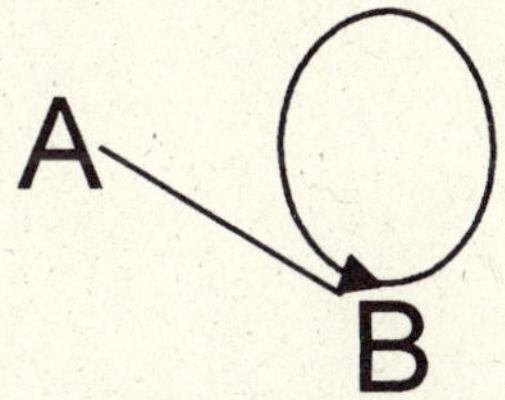

Brigitte könnte, nachdem sie das Haus verlassen hat, sich bei einer Freundin ausgeweint haben, mit "guten Vorsätzen" wieder zurückgekehrt sein und Andreas durch Zugeständnisse wieder friedlich gestimmt haben. Daß sie dabei - vielleicht zum wiederholten Mal - ihr Interesse zurückgesteckt hat, erfüllt sie innerlich mit Groll, den sie sich aber nicht eingesteht. Sie bekommt im Laufe der Zeit öfters Migräneanfälle und leidet zunehmend an Depressionen.

Das gewalttätige Resultat dieser inneren Aggressionsableitung zeigt sich oft erst viel später - etwa in Form von eines Magengeschwürs oder eines Herzinfarktes - und der Zusammenhang mit den vorangegangenen Konfliktsituationen ist nicht mehr direkt erkennbar.

Selbstaggression findet sich besonders bei Menschen ohne Selbstbehauptungsvermögen oder bei altruistisch eingestellten Personen. Da diese Form der "Konfliktbewältigung" niemandem wehtut (außer den Autoaggressiven) und oft mit einem positiven moralischen Anstrich versehen ist, wird sie gesellschaftlich akzeptiert und weithin nicht als versteckte Form der Gewalt erkannt.

9. Kombination der verschiedenen Formen destruktiver Konfliktaustragung

Die verschiedenen Formen der Aggressionsableitung treten in der Realität oft auch kombiniert auf oder verschieben sich im Laufe der Zeit von einer Richtung in die andere: So kann eine Konfliktpartei (B) zunächst äußerlich ruhig verhalten, obwohl es innerlich in ihr kocht, bevor dann ein an sich unbedeutender Vorfall "das Maß voll macht" und zu einer Eskalation führt (B'). Wenn diese nichts nutzt, könnte B anschließend ihre Aggression auf einen Dritten (C) ableiten. Dieser könnte wiederum seinen Ärger auf Person D weitertragen und damit eine erneute Konflikteskalation auslösen (D' - C'):

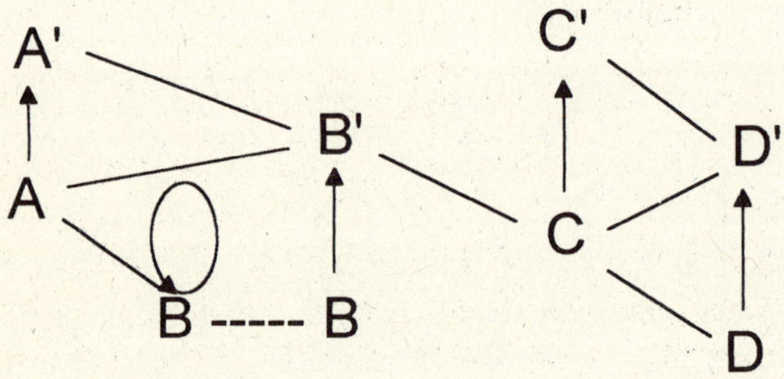

Die Mechanismen der vertikalen Eskalation bewirken eine Steigerung der eingesetzten Machtmittel und eine Zunahme der Gewalt. Die Aggressionsableitung auf Dritte dagegen sorgt für die Verbreitung der Gewalt: Sie wird von einer Beziehung in eine andere hineingetragen. Oft geht mit einer Aggressionsverschiebung auch eine Intensivierung der Gewalt einher, besonders wenn Personen betroffen sind, die sich ohnehin in einer Minder-Position befinden (z.B. in einem Befehls-Gehorsams-System).
Die Verkettung destruktiver Mechanismen der Konfliktbearbeitung intensiviert und verbreitet also die Gewalt in der Gesellschaft und erschwert die Konfliktlösung, weil die eigentlichen Ursachen der Gewalt unerkannt bleiben.

Erschwerend für konstruktive Konfliktbearbeitung kommt hinzu, daß sich beide Seiten mitunter auch gleichzeitig in der Minder-Position sehen - vielleicht weil sie verschiedene Ebenen im Blick haben oder die Situation völlig unterschiedlich erleben - und deshalb auch gleichzeitig die Mehr-Position anstreben. (Vgl. auch Kap. II.8. im 2. Teil: "Problem des unterschiedlichen Empfindens von Gleichwertigkeit")

Das Resultat der vorgestellten Konfliktbearbeitungsweisen ist also in der Regel eine unbefriedigende Lösung der Konflikte - zumindest für eine Seite - und eine Zunahme der Gewalt. Wir sprechen deshalb von "destruktiver Konfliktaustragung", wenn wir diese Formen der Konfliktbearbeitung meinen.

II. Konstruktiver Umgang mit Konflikten

Unter "konstruktiver Konfliktaustragung" soll ein Prozeß verstanden werden, der eine Eskalation der Gewalt, die Ableitung der Aggression auf Drittpersonen oder selbstzerstörerische Konfliktvermeidung verhindert bzw. diesen Prozeß umkehrt und zu einer allseitig zufriedenstellenden Lösung des Konflikts führt. Da es nicht nur auf das Ergebnis ankommt, sondern auch auf die Art, wie es erreicht wird - nämlich ohne jegliche Gewalt -, sprechen wir auch von gewaltfreier Konfliktlösung.

Es ist auch möglich, daß die Konfliktparteien (noch) zu keiner Lösung kommen. Trotzdem kann die Art des Konfliktaustrags konstruktiv sein, nämlich dann, wenn die Streitenden nicht in destruktive Austragungsformen hineinrutschen, sich gegenseitig als Menschen achten und für sich neue Perspektiven finden, mit dem Konflikt umzugehen.

1. Grundelement konstruktiver Konfliktaustragung

Im Gegensatz zur destruktiven Konfliktaustragung beruht die konstruktive, gewaltfreie Konfliktaustragung auf dem Prinzip der Gleichwertigkeit bzw. Gleichrangigkeit.[6]

Ihr Grundelement ist:

A ———— B

Gleichwertigkeit bedeutet nicht Gleichheit und setzt somit auch nicht eine unrealistische Egalität der Menschen voraus. Jeder Mensch hat andere Stärken und Schwächen - auch in einer egalitären, gerechten Gesellschaft. Gleichwertigkeit bedeutet vielmehr, daß die KonfliktpartnerInnen einander

[6] Pat Patfoort spricht von "equivalence" bzw. "Gleichwertigkeit" und meint damit, daß jede Person auf der gleichen Ebene wie die andere steht, daß sie gleichwertig zueinander positioniert sind und Differenzen nebeneinander bestehen können, ohne daß dadurch jemand in eine Minder-Position gedrückt wird.
Martin Arnold schlägt dagegen vor, den Begriff "Gleichrangigkeit" zu verwenden. Ich benutze im folgenden beide Begriffe: "Gleichwertigkeit", wenn es vor allem um den immanenten Wert jedes Menschen geht; "Gleichrangigkeit", wenn es um den herrschaftsfreien Dialog, den Dialog auf gleicher Ebene geht.

ernstnehmen und in einem fairen Prozeß nach Lösungen suchen, die keine(n) von beiden benachteiligen.

2. Gleiche Ebene erreichen ...

Mit Gewaltfreiheit meint Pat Patfoort ebensowenig wie Gandhi oder Martin Luther King, in der unterlegenen Position auszuharren und auf Gegenwehr und Machtausübung zu verzichten. Im Gegenteil: Wer sich in der Minder-Position befindet, muß sogar Macht entwickeln und einsetzen, damit es zu der angestrebten Gleichrangigkeit kommt:

Pat Patfoort versteht hierbei jedoch "Macht" nicht zwangsläufig als Unterdrückung anderer ("Macht über"), sondern wertfrei als Mittel der Selbstbehauptung. Es komme darauf an, wie diese Macht eingesetzt werde. Der verantwortliche Gebrauch (statt Mißbrauch) von Macht bestehe darin, ein Gleichgewicht zu erzeugen und nicht ein Übergewicht. Nur so könne nämlich die Eskalationsdynamik gestoppt werden, ohne das Ziel, die eigenen Interessen durchzusetzen, aufzugeben:

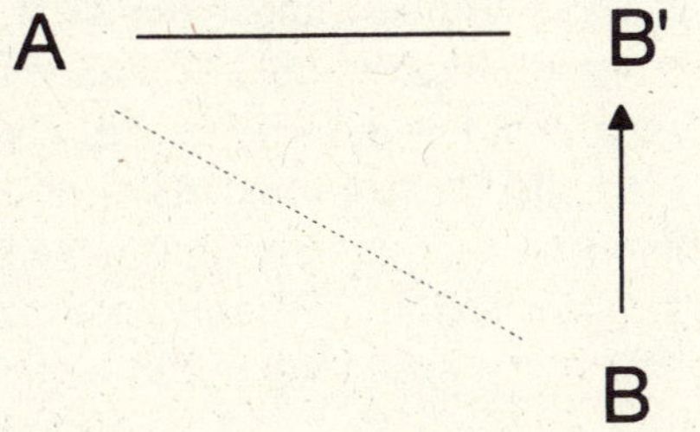

Falls eine Konfliktpartei, die sich in der Mehr-Position befindet, eine gewaltfreie Konfliktaustragung wünscht, müßte sie auf den Einsatz ihrer Durchsetzungsmacht verzichten. Vielmehr müßte die schwächere Konfliktpartei respektieren und "aufwerten", indem sie mit ihr in einen gleichwertigen Dialog eintritt:

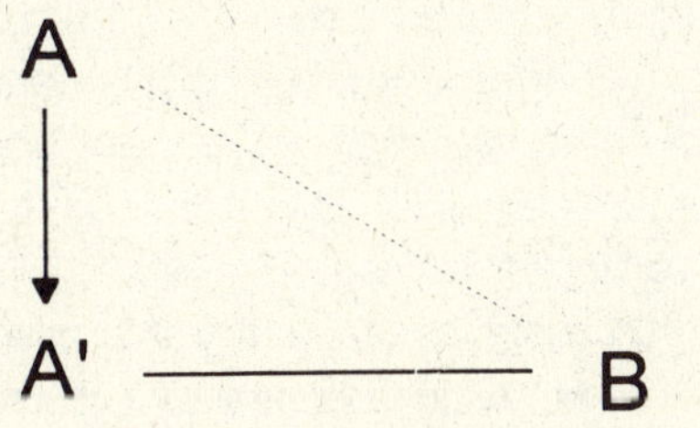

Denkbar ist auch eine Kombination aus beiden Schritten: Die schwächere Seite setzt ihre Macht zur Anerkennung als gleichwertige Konfliktpartei ein, während die stärkere Seite aus Einsicht auf die Ausübung ihrer Macht verzichtet:

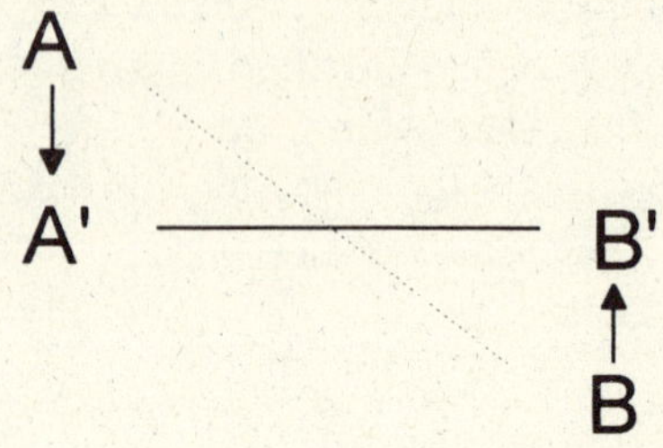

Die Mittel, mit denen die schwächere Seite Gleichrangigkeit anstreben kann, sind im Prinzip dieselben wie bei der destruktiven Konfliktaustragung. Allerdings taugen für die konstruktive, gewaltfreie Konfliktaustragung nur solche Mittel, welche die andere Person nicht zwangsläufig in eine Minder-Position drücken und dadurch in eine Verteidigungshaltung bringen. Verbale und körperliche Verletzungen sowie direkte oder indirekte Einschränkung von Menschenrechten und Grundbedürfnissen sind deshalb grundsätzlich nicht für diesen Zweck geeignet. Moralische, argumentative, nonverbale, strukturelle und in begrenztem Rahmen auch physische Maßnahmen können jedoch so dosiert und mit der Achtung der anderen Person verbunden werden, daß ein Übermaß an Wirkung verhindert werden kann und eine tatsächliche Gleichrangigkeit erreicht wird.

3. ... und in die Tiefe gehen

Der nächste Schritt ist, die sich gegenseitig ausschließenden Positionen "aufzuweichen". Dabei geht es allerdings nicht darum, daß alle Beteiligten ein bißchen von ihren Vorstellungen abrücken, sich irgendwo in der Mitte finden und sich auf einem Kompromiß einigen. Vielmehr soll der eindimensionalen Auseinandersetzung eine zweite Dimension hinzugefügt werden, nämlich die Tiefe: Die Positionen werden hinterfragt, die Beweggründe - Pat Patfoort sagt: die Fundamente - werden erschlossen und transparent gemacht. Es ist nicht so wichtig, was der konkrete Handlungswunsch der Konfliktparteien ist, sondern vielmehr, warum sie sich ihn wünschen, welches die zugrundeliegenden Gefühle, Bedürfnisse, Interessen, Werte und Ziele sind.

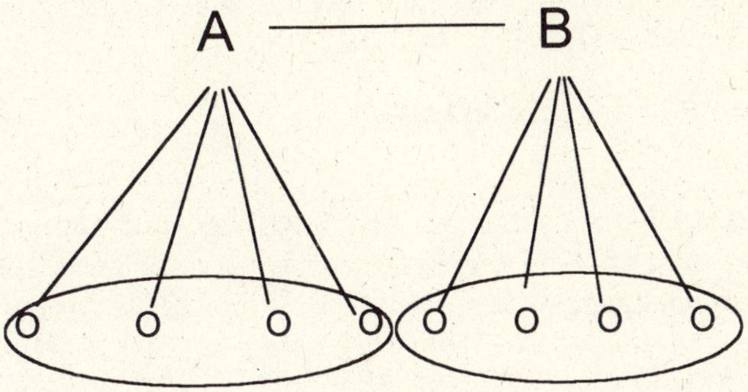

Diese Fundamente der jeweiligen Position sind keine objektiven Wahrheiten, die sich mit Argumenten bestreiten ließen, sondern ganz subjektive Eindrücke, Haltungen und Prioritäten. Meist bleiben diese Hintergründe im Verborgenen, weil man sich durch Offenheit angreifbar machen würde. Die anderen könnten einen vielleicht lächerlich machen, Schuldgefühle erzeugen oder durch Besserwisserei die eigenen Gefühle verletzen. Deshalb bewegt man sich lieber mehr an der Oberfläche und versucht, zu argumentieren oder sich auf andere Weise durchzusetzen.

Beispiel:

Andreas ist es möglicherweise peinlich, am Mittelmeer Urlaub zu machen, weil man neulich im Freundeskreis genau darüber gelästert und die dorthin Reisenden verspottet hat.
Brigitte dagegen geht es vielleicht auch darum, daß Andreas sie nicht ständig belehrt, sondern ihre Bedürfnisse ernstnimmt.

4. Konstruktive Methoden

Eine gewaltfreie, konstruktive Vorgehensweise ist das Gegenteil von dem, was bei der destruktiven Konfliktaustragung die "sanfte", die "starke" und die "superstarke Methode" genannt wurde. Es heißt nun:

1. **Die eigenen Beweggründe nicht gut machen**, sondern nur benennen, und dabei durchaus auch die eigenen Schwächen zugeben!

2. **Die Beweggründe der anderen Person nicht schlecht machen**, sondern ebenfalls nur benennen und durchaus auch die positiven Punkte der Gegenseite anerkennen!

3. **Die andere Person nicht abwerten**!

Für dieses Vorgehen benötigt man ein gutes Maß an Selbstwertgefühl und eigener Offenheit. Andererseits erzeugt bzw. verstärkt es beim Gegenüber auch genau diese Qualitäten.

Für den Konfliktaustragungsprozeß ist es hilfreich, wenn man zuerst die eigenen Beweggründe anschaut, also sich selbst erkennt. Diese sollen dann auch der anderen Person verdeutlicht werden. Eine solche Vorleistung an Offenheit kann sie ermutigen, nun auch ihrerseits die Hintergründe ihrer Position aufzudecken bzw. zu erforschen. Da das respektvolle Anhören nicht bedeutet, daß man deshalb auch die Lösungsvorschläge der anderen Seite übernimmt, kann in dieser Phase Anerkennung gezeigt werden und Vertrauen wachsen, ohne sich selbst aufgeben zu müssen.

Exkurs: Formen gewaltfreier, konstruktiver Kommunikation

An dieser Stelle erscheint es sinnvoll, auf konkrete Formen gewaltfreier, konstruktiver Kommunikation hinzuweisen, welche die moderne Kommunikationspsychologie entwickelt hat und vielfach erprobt wurden. Sie stellen ein Handwerkszeug da, mit dem in den verschiedensten Konfliktsituationen Gewalt verhindert oder abgebaut und eine faire, gewaltlose Problemlösung ermöglicht werden kann.

* Grenzen setzen

In Situationen, in denen Grenzen des Anstands, der Privatsphäre, des körperlichen Abstands oder der psychischen und körperlichen Unversehrtheit verletzt werden, ist ein gleichwertiges Gespräch meist nicht möglich. In diesem Fall müssen die Grenzüberschreitung zuerst abgewehrt und "sichere" Grenzen gezogen werden, bevor der Dialog beginnen kann. Dies kann ein äußerst knappes Signal wie "Stop!" oder "Halt!" sein oder eine körperliche, räumliche oder zeitliche Distanzierung wie "Lassen Sie mich los!", "Hier nicht!", "Jetzt nicht!". Zusätzlich oder ersatzweise kann dies auch mit dem Körper ausgedrückt werden: abwehrende Handbewegung, Schritt zurück, Raum verlassen etc.

Wichtig dabei ist, daß diese Grenzziehungen keine körperlichen oder verbalen Angriffe auf die andere Person enthalten. Denn sonst könnte - zur "Verteidigung" - ein Gegenangriff erfolgen, und die Eskalationsspirale dreht sich wieder.

Das Setzen von Grenzen kann sich auch auf das Eingreifen bei Konflikten beziehen. Wenn etwa Menschen beleidigt, diskriminiert, angepöbelt, bedroht oder geschlagen werden. Der erste Schritt der konstruktiven Konfliktbearbeitung ist in solchen Situationen das Unterbrechen der Gewalthandlung, die Trennung der Streithähne bzw. der Schutz der Opfer. Grenzen setzen kann man mit nichtverletzenden, aber bestimmten Sätzen wie:

"Fassen Sie mich nicht an!"
"Lassen Sie die Frau in Ruhe!"
"Keine Gewalt!"
"Aufhören!"
"Stop, das geht (mir) zu weit!"
"So lasse ich nicht mit mir reden!"
...

*** Aktives Zuhören**

Aktives Zuhören meint das einfühlsame, ganz bei der anderen Person bleibende Zuhören. Man versucht, die Aussagen der anderen Person so zu verstehen, wie sie gemeint waren, und achtet darauf, welche Gefühle sie hat und ausdrücken möchte. Um sicher zu gehen, ob man alles tatsächlich richtig erfaßt hat, und um der anderen Person die eigene Aufmerksamkeit deutlich zu machen, faßt man das Gehörte bzw. Wahrgenommene zusammen und fragt nach, ob es so stimmt. Wenn nicht, hat der/die andere nun Gelegenheit, es richtigzustellen.

Beim aktiven Zuhören werden keine eigene Meinungen und Erfahrungen, Bewertungen und Ratschläge beigemischt. Der eigene Kopf sollte "leer" sein, die Gedanken und Konzentration ganz bei der anderen Person und bei dem, was sie mitzuteilen hat.

Eine noch intensivere Form des aktiven Zuhörens ist es, nicht nur Fakten und Gefühle herauszuhören, sondern auch die Bedürfnisse, die hinter den Gefühlen stehen, seien sie nun geäußert worden oder nicht.

Bedürfnisse sind ausschlaggebend dafür, wie wir bestimmte Situationen erleben und welche Gefühle dabei entstehen. Haben wir das Bedürfnis nach Ruhe, dann nervt uns das Lachen und die Musik im Garten; haben wir dagegen das Bedürfnis nach Kontakt, lockt uns das lustige Treiben im Garten vielleicht an.

Aktives Zuhören kann selbst in eskalierten Konfliktsituationen eine erstaunliche Wirkung zeigen: Die Aggressivität ärgerlicher Personen wird aufgefangen, indem man ihnen Gehör schenkt, und ein "normales Gespräch" über die Probleme kommt in Gang. Da Aggression und Gewalt oft ein ohnmächtiger Versuch sind, gehört zu werden und seine Bedürfnisse durchzusetzen, ist diese Wirkung des aktiven Zuhörens nicht verwunderlich.

Beispiele für aktives Zuhören bzw. die Wiedergabe des Gehörten können sein:

"Sie ärgern sich über die Musik und das Lachen im Garten, denn sie brauchen jetzt dringend Ruhe!?"

"Das Verbot Deiner Eltern, in die Disco zu gehen, hat dich total wütend gemacht, so daß du die Tür eingetreten hast. Denn du möchtest die gleichen Freiheiten haben wie deine Freunde!?"

"Es hat dich sehr verletzt, daß ich dich nicht zu meinem Geburtstag eingeladen habe. Du hast immer geglaubt, daß wir gute Freunde sind, und jetzt bist du enttäuscht und traurig!?"

Diese Zusammenfassungen und Interpretationen sind immer nur Versuche, das Gehörte richtig zu erfassen und zu benennen. Es kann - und darf - durchaus sein, daß man damit nicht richtig liegt und die GesprächspartnerIn erwidert: *"Nein, so ist es nicht, sondern ..."* Die Richtigstellung verhindert, daß Mißverständnisse geklärt werden, bevor sie zu falschen Schlüssen führen.

*** Sich mitteilen / Ich-Aussagen**

Im Gegensatz zum aktiven Zuhören bleibt die sich mitteilende Person ganz bei sich, wenn sie ihre Wahrnehmungen, ihre Gefühle, ihre Bedürfnisse und ihre Wünsche mitteilt. (Ich-Aussagen)

Was Streit meistens eskalieren läßt, ist das Beschuldigen und Beleidigen des/der anderen, wenn wir eigentlich über uns selbst reden sollten. Es fällt den meisten Menschen schwer, über die eigenen Gefühle zu reden, ohne gleichzeitig die andere Person dafür verantwortlich zu machen und anzugreifen. Deshalb müssen wir diese "neue Sprache" erst erlernen.

Wie solche Mitteilungen formuliert werden können, kann unmittelbar aus den Beispielen aktiven Zuhörens abgeleitet werden. Denn aktives Zuhören übersetzt aggressive, beschuldigende Sprache in konstruktive, nichtverletzende Mitteilungen. Ich-Aussagen könnten also lauten:

"Ich ärgere mich über die Musik und das Lachen im Garten, denn ich brauche jetzt dringend Ruhe."

"Das Verbot meiner Eltern, in die Disco zu gehen, hat mich total wütend gemacht, so daß ich die Türe eingetreten habe. Ich möchte die gleichen Freiheiten haben wie meine Freunde."

"Es hat mich sehr verletzt, daß du mich nicht zu deinem Geburtstag eingeladen hast. Ich habe immer geglaubt, daß wir gute Freunde sind."

Die Struktur der Ich-Aussagen ist: Nichtwertende Beschreibung dessen, was man wahrgenommen hat, plus Beschreibung des Gefühls, welches dadurch ausgelöst wurde. Das Gefühl sollte auch wirklich eines sein und sich wirklich nur auf die eigene Befindlichkeit beziehen und nicht indirekt eine Beschuldigung oder einen Angriff beeinhalten, wie es z.B. bei Formulierungen wie *"Du regst mich auf.", "Ich fühle mich belogen."* oder *"Ich habe das Gefühl, daß du mich nicht ernst nimmst."* der Fall ist. Wirkliche Gefühlsbeschreibungen wären:

"Ich rege mich auf / bin ärgerlich / bin genervt, wenn ... (du meine Post liest)."

"Ich bin traurig / verletzt / verärgert, weil ich den Eindruck habe, daß du mir absichtlich verschwiegen hast, daß ..."

"Es macht mich wütend, wenn du über meine Vorschläge Scherze machst!"

*** Ärger ausdrücken und nichtverletzend mitteilen**

Die Mitteilung in Form von Ich-Aussagen setzt meist schon einen gewissen Abstand zum auslösenden Ereignis voraus. Wenn wir aber noch voller Emotion sind, wirkt die vorsichtige, nichtverletzende Formulierung oft etwas gekünstelt. Der Dampf, der in uns steckt, muß erst raus, bevor wir etwas ruhiger mit dem Konflikt umgehen können. Dampf ablassen kann man, indem man zuerst an anderer Stelle "tobt" oder die Hintergründe des eigenen Ärgers reflektiert und dann - zu einem späteren Zeitpunkt - den Ärger der betreffenden Person direkt mitteilt. Schwieriger ist es, wenn wir sofort - in Anwesenheit des/der anderen - unserem Ärger Luft machen wollen. Wie dies nichtverletzend geschehen kann, können wir uns von Ärgersituationen abschauen, in denen es keine "schuldige" Person gibt - z.B. wenn der Wind die frisch gewaschene Wäsche von der Leine gerissen hat oder wenn das Fahrrad genau dann einen Platten hat, wenn wir ganz dringend irgendwohin müssen. Kraftvolle Ausdrücke wie "*Verflucht nochmal!", "Mist!", "Verdammt!", "Ja ist es denn die Möglichkeit!", "Shit!",* um nur ein paar der harmloseren zu nennen, können den Ärger ausdrücken, ohne eine andere Person zu beleidigen. Rein körperliche Reaktionen wie Aufstampfen oder Auf-den-Tisch-Hauen können ebenfalls geeignete, nichtverletzende "Dampfablasser" sein.

Nach dem unmittelbaren Gefühlsausdruck kann dann die nichtverletzende Ärgermitteilung in Form von Ich-Aussagen folgen. Dabei wird über die Gefühle und die auslösenden Faktoren auf der Meta-Ebene, d.h. heißt beschreibend und reflektierend, gesprochen.

*** Selbstbehauptung**

In Konflikten geht es meist darum, daß sich zunächst zwei unvereinbar erscheinende Standpunkte gegenüberstehen. Durch aktives Zuhören kann ein Teil der Emotionalität aus der Auseinandersetzung herausgenommen und gegenseitiges Verständnis angebahnt werden. Es bedeutet jedoch nicht, daß damit auch der Standpunkt und das Handeln der anderen Person gutgeheißen und akzeptiert werden. Vielmehr gilt es dann, in der zweiten Runde, den eigenen Standpunkt zu verdeutlichen und die eigenen Bedürfnisse klar zu vertreten. Dies geschieht in Form von Ich-Aussagen. Es ist anzunehmen, daß dies noch nicht zu einer vollkommenen Beruhigung der Situation und Lösung des Konflikts führt. Vielmehr werden neue Angriffe der Gegenseite zu erwarten sein. Auf diese wird wiederum mit aktivem Zuhören reagiert und anschließend der eigene Standpunkt weiter mit Ich-Aussagen präzisiert. Dieses Wechselspiel aus Zuhören und Sichmitteilen geht so lange weiter, bis eine für beide befriedigende Konfliktlösung gefunden wird. Was auf dem Papier vielleicht sehr harmlos ausschaut, ist in der Wirklichkeit ein hartes Ringen, das nur deshalb nicht zu einer Gewalteskalation führt, weil eine Seite bewußt auf jegliche Herabsetzung der anderen Person verzichtet. Und trotzdem behauptet sich diese Person, indem sie nicht von ihrem Standpunkt und der Konfrontation mit der anderen Person abläßt, ehe sie ihre Interessen in einer Konsenslösung aufgehoben sieht.

Konstruktive Konfliktlösung bedeutet deshalb maximale Selbstbehauptung bei maximaler Empathie der anderen Konfliktpartei gegenüber. Das angestrebte Ergebnis ist nicht eine win-lose-Lösung (was die eine gewinnt, verliert der andere), sondern eine Lösung im Bereich der "Fülle": Für beide Konfliktparteien soll ein Maximum (möglichst mehr als 50%, am besten 100%) an Interessensbefriedigung herauskommen - eine win-win-Lösung.

Schaubild: Konfliktverhaltens-Stile

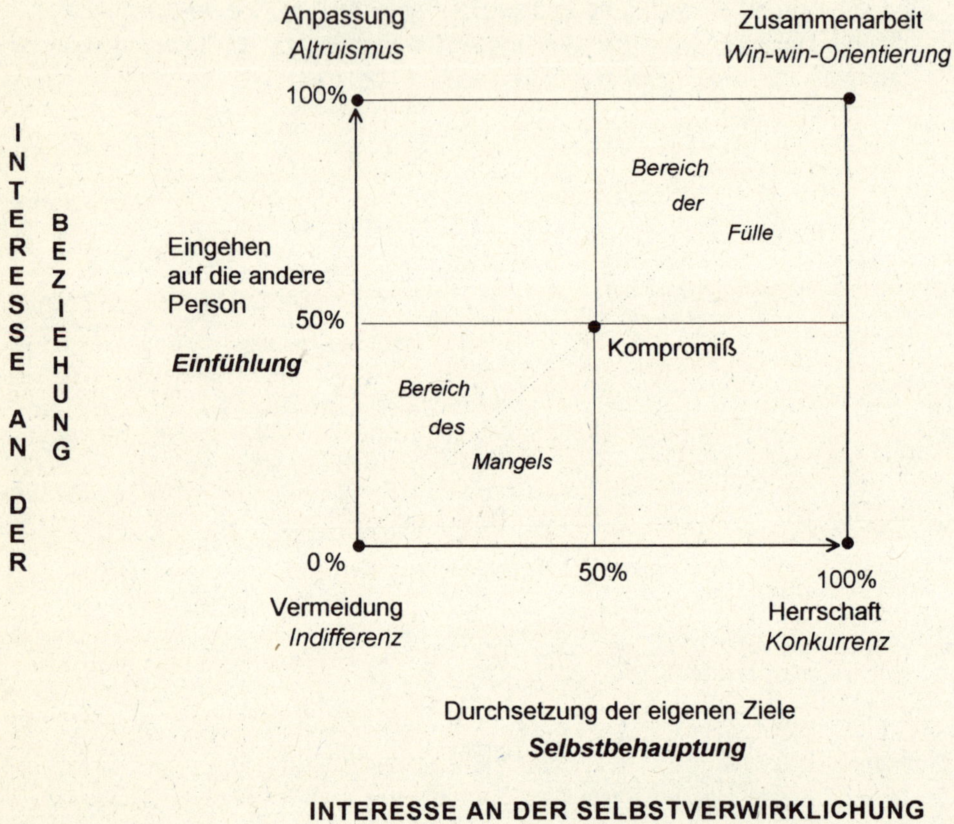

Zusammenstellung aus amerikanischen und deutschen (Steyerberg) Quellen

5. Konsens-Lösungen finden

Der nächste Schritt ist es dann, die beiden Fundamente zusammenzubringen. Das bedeutet, daß für die zugrundeliegenden Bedürfnisse Lösungen gesucht werden, die den Bedürfnissen der anderen Person nicht zuwiderlaufen.

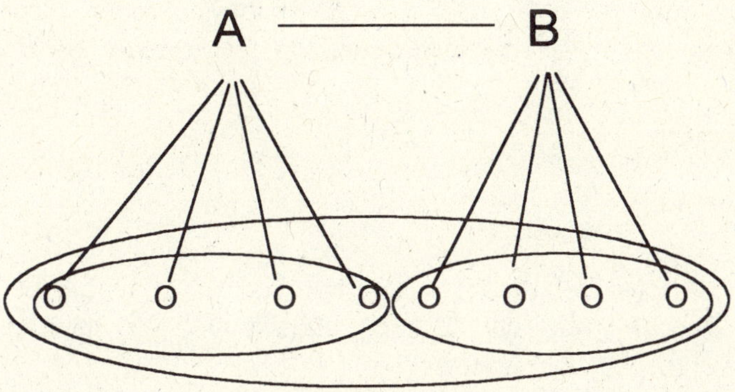

Wie in einem Puzzle können die einzelnen Beweggründe geprüft und dafür Lösungen gefunden werden, bis ein neues Gesamtbild zusammengesetzt ist. Durch kreative, unkonventionelle Ideen lassen sich in einer partnerschaftlichen Atmosphäre auch festgefahrene Gegensätze auflösen. Und wenn das Ganze vielleicht mehr Zeit braucht als die gewöhnliche Vorgehensweise, so spart man sich doch die Folgekosten und den Zeitaufwand, den schlecht gelöste oder verschleppte Konflikte benötigen.

Das Ergebnis einer solchen Vorgehensweise kann unter Umständen dieselbe Lösung sein wie beim herkömmlichen Verfahren. Nur bedeutet diese Lösung für die andere Person keine Niederlage, die sich dann in Unzufriedenheit, Nörgeln, Unzuverlässigkeit usw. ausdrückt. Es ist auch kein (fauler) Kompromiß, mit dem beide ein Stück weit unzufrieden sind. Vielmehr tragen beide das Ergebnis aus eigenen Stücken mit, sind zufrieden damit und übernehmen Verantwortung für dessen Umsetzung.

Beispiel:

Ein "Kompromiß" im Sinne der Einigung auf halber Strecke wäre in unserem Urlaubskonflikt zwischen Nord und Süd, daheimzubleiben. Damit wären sie zwar beide dem bzw. der anderen ein Stück weit "entgegengekommen", wären aber total unzufrieden mit der Lösung.

Konstruktive, gewaltfreie Konfliktaustragung könnte genau zu derselben Lösung gelangen, doch dann wäre durch den Prozeß sichergestellt, daß beide wirklich die Vorteile dieser Lösung sehen und kein bitterer Nachgeschmack bleibt.

In diesem Sinne könnte die Lösung auch Skandinavien (oder Mittelmeer) heißen, aber dann mit der vollen Zustimmung und Zufriedenheit der anderen Person.

6. Beispiel

Der Prozeß der konstruktiven Konfliktaustragung soll nun im Ganzen auf den Urlaubskonflikt von Andreas und Brigitte angewendet und dadurch der Gesamtprozeß veranschaulicht werden:

Andreas und Brigitte sitzen beim Abendessen. Das Thema des Urlaubsortes kommt wieder zur Sprache:

A.: Ich habe ein günstiges Angebot für eine Ferienwohnung direkt an einem Fjord in Norwegen gesehen. Wir sind schon spät dran und sollten deshalb sofort buchen.

B.: Nein, ich möchte das nicht. Ich habe dir doch schon gesagt, daß ich nicht in den Norden in den Urlaub fahren will!

A.: Aber jetzt schau doch mal: Wir haben dort doch auch das Meer - direkt vor der Haustüre. Und letzten Sommer war in Skandinavien sogar besseres Wetter als in Südeuropa. Außerdem zeigen wissenschaftliche Untersuchungen, daß der Erholungswert in Skandinavien um einiges besser ist als in Italien oder Spanien.

(Bis hierhin verlief die Auseinandersetzung wie gehabt. Nun versucht Brigitte, das Gespräch in konstruktive Bahnen zu lenken.)

B.: Wissenschaftliche Untersuchungen hin oder her: Ich erhole mich besser im Süden. Weißt du, ich bin das ganze Jahr über von den Kindern und der Arbeit so in Anspruch genommen, daß ich gerne einmal so richtig ausspannen und faulenzen möchte. Ich will dann nicht auch noch ein Kinderbeschäftigungsprogramm organisieren und sie auf Schritt und Tritt in den Augen haben oder bei

Regenwetter ihr Geschrei in einer kleinen Ferienwohnung ertragen müssen. Am Strand können sie sich selbst beschäftigen, sie können mit anderen Kindern spielen, und es kann bei einem flachen Ufer auch nichts passieren. Das wäre ideal für meine Art, Urlaub zu machen. Außerdem könnten wir dann auch mal mehr für uns zusammensein, ohne Streß und Hektik.

A. (kann das Argumentieren nicht lassen): Also wenn ich daran denke, wie sich im Sommer die Menschen an den Mittelmeer-Stränden drängeln, das ist ja nur Streß und Hektik! Und überhaupt: Die Hitze kann dort auch unerträglich sein, und durch das Ozonloch ist die Sonneneinstrahlung in Südeuropa gefährlicher denn je. Die Kinder sind dort einem erhöhten Krebsrisiko ausgesetzt. Und das Wasser ist ja mittlerweile die reinste Dreckbrühe!

B.: Manchmal habe ich diese Sorgen auch, dann werde ich mir auch etwas unsicher. Aber vielleicht ist es auch nicht überall so. Man müßte einfach einen Ort finden, wo das Wasser noch sauber ist und wo es auch schattige Plätze gibt. Ich möchte meine Vorstellungen nicht gleich über Bord werfen müssen, wenn auf den ersten Blick ein paar Argumente dagegen sprechen. - Aber was sind denn deine Gründe, warum du unbedingt nach Norwegen fahren willst?

A.: Ich möchte was unternehmen, mich bewegen, die schöne Gegend dort erwandern. Ich war mal in meiner Jugendzeit dort und fand es so faszinierend, daß ich unbedingt mal wieder dort hingehen wollte. Außerdem ist mein Freund Matthias mit seiner Familie auch dort, so daß ich mich mit ihm zu gemeinsamen längeren Touren treffen könnte. Und dann geht mir dieser ganze Rummel am Mittelmeer auf den Geist. Die meisten meiner Kollegen fahren dorthin und benehmen sich wahrscheinlich genauso bescheuert wie die anderen Deutschen. Es ist mir schlichtweg peinlich, zu dieser Horde wildgewordener Touristen zu gehören, die im Sommer ganze Länder überfallen und dabei alles genauso haben wollen, wie sie es daheim haben!

B.: Du möchtest also lieber ein ruhigen Urlaub haben mit wenig anderen Touristen drum herum und willst auch lieber wandern, als faul am Strand zu liegen?

A.: Na ja, ich hab' ja nichts dagegen, zu schwimmen und eine Zeitlang in der Sonne zu liegen - aber nicht unter diesen Umständen.

B.: Also das mit der Touristenschwemme kann ich ganz gut verstehen, da fühle ich mich auch etwas unwohl dabei. - Aber ich habe da eine Idee: Könnten wir nicht schon in den Pfingstferien in Urlaub fahren? Die sind dieses Jahr zweieinhalb Wochen lang. Da ist es dann am Mittelmeer noch nicht so heiß, das Wasser ist noch frisch, und die Masse der Touristen ist noch nicht da. Außerdem gibt es schöne Plätze, wo gleich hinter dem Strand die Berge anfangen. Um diese Zeit herum blüht da alles, und es würde sogar mir Spaß machen, dort mit dir etwas wandern zu gehen. Und im August könntest du dann noch zwei Wochen nach Norwegen und dich mit Matthias und seiner Familie treffen.

A.: Das ist ja alles schön und gut, nur wird das viel zu teuer, und außerdem könnte ich über Pfingsten nicht länger als eine Woche Urlaub nehmen.

B.: Na immerhin, du könntest es dir also im Prinzip vorstellen!? Dann laß uns mal überlegen, wie wir das mit den Kosten und den Urlaubstagen regeln könnten, damit es klappt. Läßt sich der Urlaub nicht durch die Feiertage etwas verlängern?

A.: Nein, das geht nicht. Außerdem wären das immer noch nicht zwei oder zweieinhalb Wochen. Aber vielleicht könnte ich ja nach einer Woche mit dem Zug nach Hause fahren, und du bleibst noch bis zum Schluß der Ferien?

B.: Dann wäre ich da ja alleine mit den Kindern. Aber ich könnte ja meine Schwester oder eine Freundin fragen, ob sie nicht Lust hat mitzukommen. Nur: Wird das nicht zu teuer, wenn dann auch noch die Fahrkarte für dich dazukommt?

A.: Ja schon. Ich könnte aber vielleicht zusammen mit Matthias nach Norwegen fahren und schon nach einer Woche zurückkommen. Dann wird es billiger, und wir könnten die zweite Woche noch gemeinsam daheim Urlaub machen. Dann hätten wir auch mehr voneinander ...

So oder ähnlich könnte ein konstruktives Gespräch über das Problem des Urlaubsortes verlaufen. In dieser Form hört es sich recht harmlos und einfach an. Das liegt daran, daß die Abgründe zu einem destruktiven Diskussionsverlauf bewußt umgangen oder entschärft wurden. Die Auseinandersetzung glitt nicht auf die Ebene der persönlichen Verletzungen ab, die Beziehung blieb geschont oder verbesserte sich sogar, sobald die Ebene der gemeinsamen kreativen Lösungssuche erreicht war.

Konflikte, die schon eine längere Vorgeschichte haben und bereits eskaliert sind, erfordern dagegen eine umfangreichere Klärung der persönlichen Verletzungen. Erst wenn ein gewisses Verständnis für die Situation und das Verhalten der jeweiligen Gegenseite entstanden ist, kann eine konstruktive Lösungssuche gelingen.

7. Abschließende Bemerkungen

Für den Prozeß der gewaltfreien Konfliktaustragung ist es zwar erfreulich, wenn beide Seiten eine konstruktive Vorgehensweise wählen, es ist aber nicht unbedingt erforderlich. Eine Konfliktpartei kann den Anfang machen, indem sie einfühlend zuhört, neutrale, nichtverletzende Worte benutzt, eigene Fehler eingesteht und die positiven Seiten der anderen Person anerkennt. Im Wechsel zwischen Zuhören und Eingehen auf die Bedürfnisse des bzw. der anderen und dem Einbringen der eigenen Gefühle und Interessen kann es gelingen, auch eine schwierige Konfliktpartei in eine fruchtbare Auseinandersetzung hineinzuführen.

Grundanliegen der konstruktiv Streitenden sollte es nicht sein, nach "Schuld" zu suchen, sondern nach dem "Unglück", den Ursachen, die dazu geführt haben, daß es zum Konflikt kam. Dabei sollte man sich genügend Zeit geben, um alles erzählen zu können, bis man an den "Ursprung" zurückgekommen ist.

Auf diese Weise wird niemand "verantwortlich gemacht" und in eine Verteidigungshaltung gedrängt. Vielmehr wird durch den vorwurfsfreien Raum die freiwillige Übernahme von Verantwortung, wie es denn nun positiv weitergehen kann, gefördert.

Mit diesem Modell der Konfliktaustragung läßt sich auch der Ursprung und die Funktion von Haß erklären, so daß daraus erfolgversprechende Möglichkeiten des Umgangs damit deutlich werden.

Haß ist das Ergebnis einer als unverrückbar erlebten Minder-Position. Die Ohnmacht, etwas für die eigenen Interessen tun zu können, steigert die Aggression. Sie wird in gewalttätiger Phantasie "zwischengelagert", um dann hin und wieder Möglichkeiten zu finden, der anderen Seite aktiv zu schaden und kleine Erfolgserlebnisse zu verbuchen. Die grundlegende Ursache von Haß ist Ohnmacht plus völlig fehlendes Einfühlungsvermögen für die Gegenseite.

Ein Möglichkeit, Haß abzubauen - auch den eigenen -, ist demnach:

1. sich an den ursprünglichen Konfliktpunkt erinnern;
2. die Bedürfnisse und Interessen hinter den eigenen Positionen herausarbeiten;
3. die Bedürfnisse und Interessen der anderen Person(en) zu verstehen suchen,

4. alternative Handlungsmöglichkeiten zur Befriedigung der eigenen Interessen suchen;
5. "positive Macht" zu entwickeln, um Gleichrangigkeit zu erreichen;
6. eine faire, nichtverletzende Auseinandersetzung mit der Gegenseite führen, evtl. unter Hinzuziehung vermittelnder Dritter.

Konstruktive Konfliktbearbeitung ist, wie wir gesehen haben, das beste Mittel, der Gewalt den Nährboden zu entziehen, sie zu "entwurzeln", wie Pat Patfoort sagt. Durch die konstruktiven Alternativen wird es möglich, Konflikte zu begrenzen und das, was mit Gewalt erreicht werden soll, auf faire, gewaltfreie Weise zu bekommen.
Da diese Einsicht jedoch nicht immer bei den Konfliktparteien vorhanden ist, wird das Instrumentarium der gewaltfreien Selbstbehauptung und des gewaltfreien Widerstands benötigt. Mit ihm ist es möglich, die Gegenseite zu einem herrschaftsfreien, konstruktiven Dialog zu veranlassen, ohne selbst zum/zur UnterdrückerIn zu werden.
Gewaltfreiheit und konstruktive Konfliktbearbeitung gehören deshalb wesensmäßig zusammen.

2. Teil:

Erweiterung des Konfliktmodells

(Die Erweiterungen stammen, soweit nicht anders vermerkt, vom Autor.)

1. Einleitung: offene Fragen und Probleme

Das Patfoort'sche Konfliktmodell stellt ein hilfreiches Handwerkszeug zum Verstehen von Konflikten und Konfliktabläufen dar und zum konstruktiven Umgang mit ihnen.
Wenn es sich bei den Konfliktparteien jedoch um mehr als zwei Personen handelt und diese womöglich auch nicht auf derselben (Macht-)Stufe stehen, wirft es Fragen auf.

Außerdem erleben wir in der Praxis oft ein Konfliktverhalten, das nach dem Modell nicht ganz schlüssig ist: Wenn z.B. eine Person, die offensichtlich in einer Mehr-Position steht, trotzdem zusätzlich Eskalationsmittel gegenüber einer schwächeren Partei einsetzt. In dieser Situation würden wir eher erwarten, daß zuerst die schwächere Seite ihre Durchsetzungsmittel eskaliert und versucht, in die Mehrposition zu kommen. Das Problem wurde bereits angesprochen, als darauf hingewiesen wurde, daß die Einschätzung der überlegenen und der unterlegenen Position durchaus subjektiv und unterschiedlich ausfallen kann. Was bedeutet dies für die Konfliktanalyse und das Konfliktverhalten?

Ein weiteres Problem, das mit dem vorhergehenden eng verbunden und vielleicht identisch ist, ergibt sich durch die eskalierende Wirkung von Machteinsatz: Selbst wenn Macht nur zu dem Zweck benutzt wird, um eine gleiche Ebene zu erreichen, reagiert die andere Seite, als ob sie in die Minder-Position gebracht werden soll. Dies ist insofern verständlich, als auch die Aussicht auf relativen Machtverlust bedrohlich wirkt und deshalb abwehrt wird. Wie kann aber ein herrschaftsfreier Dialog zustande kommen, wenn schon der Versuch, auf eine gleichrangige Gesprächsebene zu kommen, lediglich eine weitere Konflikteskalation hervorbringt?

Das Pat-Patfoort-Modell schließt zur Konfliktbearbeitung eine gewisse Eskalation der Durchsetzungsmittel, den Einsatz von Macht, nicht aus. Um aus der Minderposition herauszukommen und Gleichrangigkeit zu erreichen, soll Macht entwickelt und eingesetzt werden. Das bedeutet, daß die Durchsetzungsmittel gesteigert, d.h. eskaliert werden. Wie läßt sich nun Konflikteskalation mit Gewaltfreiheit und konstruktiver Konfliktlösung verbinden, ohne daß es zu neuen Schieflagen kommt?

Eine weitere Frage ist, wie außenstehende Dritte in einen eskalierten Konflikt hilfreich eingreifen können. Bisher beschränkte sich das Modell auf die unmittelbaren Streitparteien. Möglicherweise kann es auch einige nützliche Hinweise für Interventionen von Drittparteien geben.

Um diese Fragen zu beantworten, möchte ich das Konfliktmodell etwas erweitern und damit neue Variations- und Erklärungsmöglichkeiten schaffen. Dabei beziehe ich mich sowohl auf Konflikte im persönlichen wie auch im politischen Bereich. Die grundlegenden Mechanismen in beiden Bereichen sind gleich, wenn auch nicht hinreichend, um politische Konflikte vollständig zu beschreiben. Denn gesellschaftliche Konflikte können in der Regel nicht nur durch individuell-persönliche Gespräche geklärt werden, sondern bedürfen auch der gesellschaftlichen Auseinandersetzung. Das heißt, daß öffentliche Meinung gebildet und gegebenenfalls durch Aktionen und Kampagnen auf den politischen Prozeß eingewirkt werden muß.
Trotzdem scheint mir das Modell auch für den Bereich politischer Konflikte anwendbar zu sein und wertvolle Anstöße zum Überdenken politischer Veränderungsstrategien zu geben.

2. Personale und strukturelle Macht

Das Modell von Pat Patfoort zeigt Konfliktverläufe auf, ohne die Frage anzuschneiden, ob die Konfliktparteien in etwa gleiche Machtressourcen haben oder ob die eine Seite deutlich mehr Mittel hat als die andere. Indirekt kann man jedoch schlußfolgern, daß bei der vertikalen Eskalation wohl ein ungefähres Machtgleichgewicht vorausgesetzt wird - sonst würde man - in der Regel - ein Kräftemessen eher von vornherein vermeiden. Wenn dagegen Aggression auf andere, schwächere Personen abgeleitet oder gegen sich selbst gerichtet wird, ist anzunehmen, daß die eigentlichen Widersacher als zu mächtig wahrgenommen werden, um gegen sie anzukommen: deshalb - und aus anderen Gründen - die Aggressionsverschiebung.

Das Machtverhältnis, also die Frage, wer die größeren Durchsetzungsmöglichkeiten hat, könnte folglich die Konfliktverlaufs-Richtung vorherbestimmen.

Nun gibt es aber ganz unterschiedliche Machtquellen, die zudem noch subjektiv verschieden erlebt werden. Was bei dem einen großen Eindruck hinterläßt, kann die andere völlig kalt lassen. Was die eine ohne böse Absicht sagt, kann den anderen reizen oder kränken.

Insofern könnte man zu dem Schluß kommen, daß die persönliche Stärke oder Schwäche - bzw. wie sie von den Konfliktparteien wahrgenommen wird - das entscheidende Kriterium dafür ist, welche "Macht" eine Person besitzt. Unter "persönlicher Stärke" sollen Eigenschaften, Qualitäten, Fähigkeiten usw. verstanden werden, die in der eigenen Person begründet sind und nicht von außen zur Verfügung gestellt werden. Eine kräftige Stimme, die alles

andere übertönen kann, wäre demnach eine persönliche Stärke, die Verfügung über eine Verstärkeranlage, mit der das gleiche Ergebnis erzielt werden kann, dagegen nicht. Weitere persönliche Stärken können sein: Klugheit, Überzeugungskraft, Selbstsicherheit, Fremdsprachenkenntnisse, technisches Wissen, handwerkliche Fähigkeiten, Kraft, Ausdauer, Kreativität usw.
Im nächsten Schritt könnte man die verschiedenen Aggressionsableitungs-Richtungen noch einmal genauer anschauen, je nach der ursprünglichen Ausgangskonstellation: Was passiert, wenn Person A eine größere persönliche Stärke hat als Person B, was wenn diese gleichgroß ist, was wenn sie geringer ist? Welche Konfliktverläufe sind möglich und wahrscheinlich, welche davon sind destruktiv und welche konstruktiv?

Diese Unterscheidung ist jedoch zu einfach, zu "unpolitisch". Denn es macht einen Unterschied, ob jemand aus einem guten Selbstbewußtsein heraus durchsetzungsfähig ist oder ob die Macht auf Hierarchien und die Verfügung über äußerliche Mittel beruht wie z.B. Geld, Einfluß, Untergebene, Polizei, Armee. Die Wahrscheinlichkeit und die Art der Durchsetzung unterscheiden sich erheblich, je nachdem, mit welchem Machttypus wir es zu tun haben.

Allerdings sind beide Typen keine sich gegenseitig ausschließende Alternativen nach dem Muster: Entweder habe ich personale, also in der Person begründere, Macht, oder ich habe äußerliche, strukturelle Macht. Vielmehr kann ich von beidem mehr oder weniger haben: Ich kann als Person durchsetzungsfähig sein und zusätzlich über äußerliche Macht verfügen. Oder ich kann sowohl personal als auch strukturell schwach sein usw. Es gibt also verschiedene Kombinationsmöglichkeiten. Und es ist interessant und fruchtbar, die jeweils unterschiedlichen Konsequenzen für die Konfliktdynamik zu untersuchen.

Das Pat-Patfoort-Modell soll also präzisiert werden, indem nach dem ursprünglichen Machtverhältnis zwischen den Parteien gefragt wird, die in einen Konflikt geraten. Die Machtbalance kann ebenfalls - begrifflich und bildlich - als "Mehr-Position", "Minder-Position" und "Gleichrangigkeit" beschrieben werden. Für treffender halte ich jedoch die Begriffe "Überlegenheit", "Unterlegenheit" und "Machtgleichgewicht", die ich in diesem Zusammenhang bevorzugt verwenden werde. Bezeichnet werden soll damit das Verhältnis der strukturellen und der personalen Macht zwischen den Konfliktparteien. "Strukturell" meint dabei die Verfügung über äußerliche Durchsetzungsmittel und die Stellung innerhalb einer Hierarchie, "personal" die persönlichen Qualitäten und Durchsetzungsmittel, was auch die subjektive Einschätzung der eigenen Machtmittel einschließt.

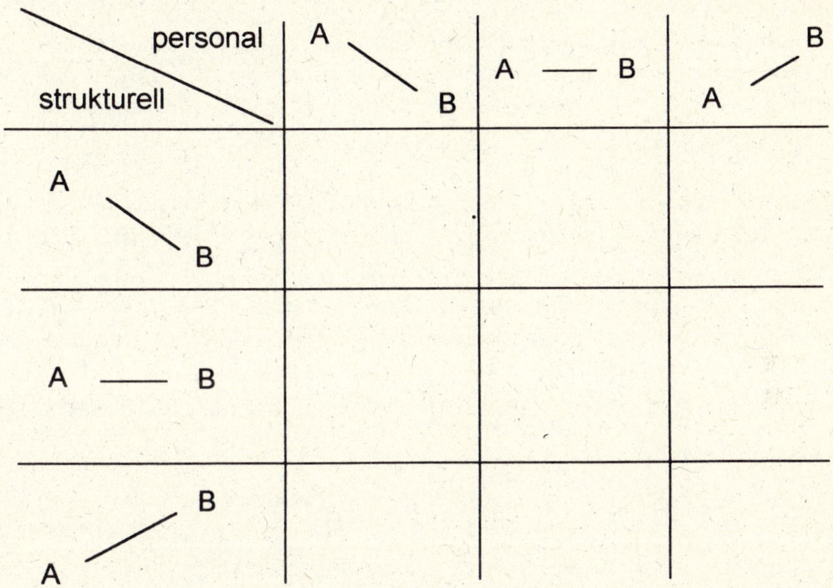

Ein strukturelles Machtgefälle besteht demnach zwischen einem Chef und einem/einer Angestellten, ein personales zwischen einem selbstbewußten und einem unsicheren Menschen.

Ein strukturelles Gleichgewicht besteht etwa zwischen Mitgliedern einer nicht-hierarchischen Gruppe (z.B. einem Team), ein personales Gleichgewicht zwischen Menschen mit gleicher Bildung und ähnlicher psychischer Stabilität, auch wenn die strukturelle Macht unterschiedlich ist (z.B. Bundeskanzler und Oppositionsführer).

3. Beispiele für die Kombination unterschiedlicher Machtebenen

Eine hierarchisch höher stehende Streitpartei kann ihre strukturelle Macht zur Selbstbehauptung und Interessendurchsetzung nutzen, was eine in der Hierarchie unten stehende Konfliktpartei nicht kann. Die strukturell mächtigere Seite ist dadurch meist in der Lage, sich durchzusetzen, egal wie stark sie in der direkten, persönlichen Konfrontation ist.

Ihre strukturelle Überlegenheit verleiht ihr anscheinend oft auch ein "dickeres Fell", so daß sie sich psychisch nicht so leicht verunsichern läßt. Vielmehr betreibt sie ihre Angelegenheiten "souverän", und ohne sich emotional unter Druck setzen zu lassen. Der Interessengegensatz wird deshalb möglicherweise nur von der unterlegenen Seite als Konflikt erlebt. Die andere Seite kann - ganz cool - nach dem Motto handeln: "Probleme, die man nicht lösen kann, muß man loswerden: Entlassung!" (Überschrift einer Illustrierten im Jahr 1997)

Ein Beispiel:

Herr Altmann ist Inhaber eines Copy-Shops und beschäftigt insgesamt sechs Personen, die zu unterschiedlichen Vertragsbedingungen bei ihm angestellt sind. Bodo, ein Student im 12. Semester, arbeitet schon längere Zeit bei ihm auf Teilzeit-Basis. Herr Altmann möchte aus Kostengründen seinen Mitarbeiterkreis um ein, zwei Personen reduzieren. Die anderen sollen dafür effektiver und bei Bedarf auch samstags bis zum Nachmittag arbeiten. Bodo, der am Wochenende meist seine Freundin in einer anderen Stadt besucht, ist damit überhaupt nicht einverstanden. Andererseits ist er auf den Job angewiesen. In einem kurzen Gespräch zwischen Tür und Angel, in dem er seinen Mißmut zeigt, weist ihn Herr Altmann schroff ab, indem er sagt, daß es darüber keine Diskussion gebe und wenn er nicht wolle, könne er ja woanders arbeiten. Bodo ist sauer darüber, so abgekanzelt zu werden, behält aber seinen Ärger für sich, denn er sieht keine Alternative zu diesem Job.

Aufgrund der Übermacht des Chefs bleiben für Bodo - aus dem herkömmlichen Verhaltensrepertoire - die Möglichkeiten der horizontalen Aggressionsabfuhr gegenüber anderen Personen [7] oder des Aushaltens und

[7] Vielfach werden Aggressionen auch durch sportliche oder andere körperlich anstrengende Betätigungen abreagiert. Es ist jedoch zweifelhaft, ob sie dadurch

In-sich-Hineinfressens, der Selbst-Aggression. Insofern sind die Folgen mit dem bisherigen Modell ausreichend zu beschreiben. Nur der Ausgangspunkt ist unterschiedlich: Herr Altmann fühlt sich zu keiner Zeit in der Minder-Position. Vielmehr hat er die Entscheidungsmacht und das Bewußtsein darüber. Er handelt - vieleicht gewohnheitsmäßig - aus der Mehr-Position heraus, ohne dazu von der anderen Seite genötigt worden zu sein. Die Ausgangspositionen im Konflikt, die Positionen während der Auseinandersetzung und die Positionen am Ende sind immer gleich und weisen ein klares Gefälle zwischen Herrn Altmann (A) und Bodo (B) auf:

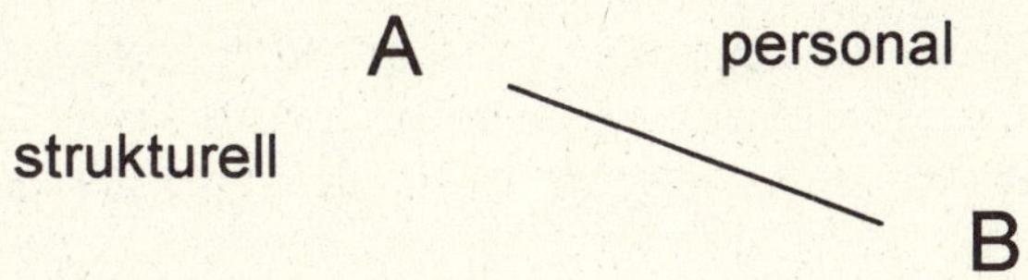

Die Konfliktdynamik, die sich aus einer solchen und anderen ungleichgewichtigen Ausgangskonstellationen ergeben kann, ist im Hinblick auf geeignete Lösungsstrategien einer näheren Untersuchung wert.

Außer der eindeutig ungleichgewichtigen Ausgangssituation gibt es noch ein weiteres Problem: Nicht immer ist die strukturell mächtigere Konfliktpartei auch so souverän und gefühlskalt, daß sie ihre Vormachtstellung so emotionslos zur Geltung bringt. Sie könnte auch durch einfachen Widerspruch der Gegenseite so verunsichert oder sogar verletzt sein, daß sie sich in der Minder-Position fühlt. Trotz ihrer "Stärke" fühlt sie sich "ohnmächtig" und in einer Verteidigungshaltung. Sie reagiert durch eskalierende Worte und Maßnahmen und greift dabei recht bald auf ihre strukturellen Machtmittel zurück. Dieses Mal jedoch eher als Reaktion auf eine subjektiv erlebte Minder-Position. Die subjektive Wahrnehmung der eigenen oder fremden Stärke ist also letztendlich ausschlaggebend für das eigene Verhalten. Die objektiven Machtverhältnisse dagegen entscheiden über den Ausgang des Kräftemessens, wobei eine aus subjektiver Fehleinschätzung selbstbewußt auftretende Person durchaus einen objektiven Machtzuwachs verbuchen kann.

---

tatsächlich aufgelöst werden. Viel eher scheinen sie nur vorübergehend durch Erschöpfung oder anderweitige Erfolgserlebnisse gedämpft zu sein. Die hohe Aggressivität bei manchen Sportarten und Veranstaltungen lassen vermuten, daß die Aggression auf andere Menschen übertragen wird.

Das obige Konflikt-Beispiel hätte also auch folgenden Verlauf nehmen können:

Bodo spricht Herrn Altmann zwischen Tür und Angel auf die verlangte Samstags-Arbeit an und zeigt seinen Mißmut darüber. Herr Altmann blockt ihn ab und sagt, daß das nötig sei und daß es darüber keine Diskussion gebe.

Bodo läßt sich so etwas nicht gefallen und legt - ganz vorsichtig - Widerspruch ein: "Ich finde, daß das mit den MitarbeiterInnen gemeinsam besprochen werden sollte. Man kann das doch nicht einfach über unsere Köpfe hinweg anordnen, ohne unsere Bedenken und Vorschläge anzuhören!"

Herr Altmann: "Groß rumdiskutieren, das könnt ihr, aber wenn mal die Aufträge sich stapeln, da wird nur getrödelt. Ich habe keine Lust, da immer selbst einspringen zu müssen. Und überhaupt: Wie es hier läuft, das bestimme immer noch ich!"

Bodo: " So wie Sie mit den Leuten umgehen, brauchen Sie sich nicht wundern, daß nichts klappt! Wir unter uns hätten wir das längst geregelt gekriegt."

Herr Altmann: "Wenn es Ihnen nicht paßt hier, dann können Sie sich eine andere Arbeit suchen. Und jetzt ist Schluß mit der Diskutiererei!"

Herr Altmann glaubt sich von Bodo in seiner Vorgesetzten-Rolle angegriffen und reagiert ansatzweise mit Argumenten, in der Hauptsache aber, indem er seine Macht als Chef in die Waagschale wirft.

Strukturell ist er Bodo überlegen, aber in der konkreten Auseinandersetzung fühlt er sich zeitweise in der Minder-Position. Um sich zu verteidigen und durchzusetzen, greift er zunehmend auf seine strukturellen Machtmittel zurück. Mit unserem bisherigen Modell dargestellt, sieht es folgendermaßen aus:

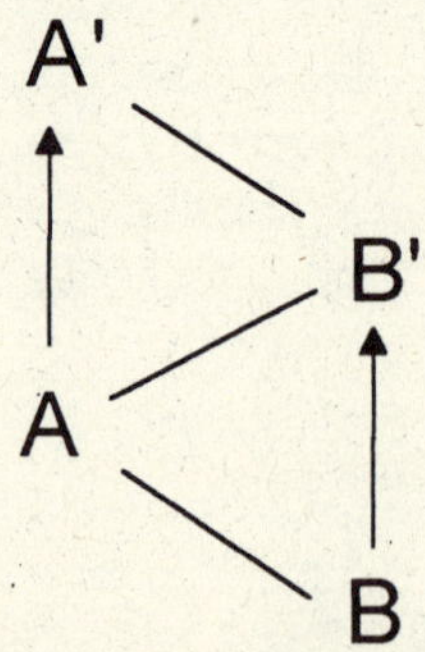

I. Untersuchung der verschiedenen Konfliktkonstellationen

Die Konflikte sollen nun systematisch untersucht werden im Hinblick auf die unterschiedlichen Machtbeziehungen zwischen den KontrahentInnen. Besonderes Augenmerk wird auf Person A gelegt: Welche Handlungsmöglichkeiten hat diese Person in der jeweiligen Konfliktkonstellation? Welche davon sind destruktiv, welche konstruktiv? Meist erleben und kennen wir eher die destruktiven Reaktionsweisen. Deshalb sollen sie an erster Stelle bewußt gemacht und erklärt werden. Danach entwickeln wir aus dem Modell mögliche gewaltfreie, konstruktive Alternativen. Schließlich werden auch noch hilfreiche Interventionsmöglichkeiten seitens außenstehender Drittpersonen angedeutet. Die Zusammenstellung erhebt nicht den Anspruch auf Vollständigkeit, sondern soll einen Einblick in die Vielfalt der Reaktionsmöglichkeiten gewähren. Daß diese Reaktionen nicht beliebig sind, sondern sich aus der Konfliktkonstellation ergeben, sollte anhand eigener Konflikterfahrungen nachvollziehbar sein. Daß es in einzelnen Punkten unterschiedliche Einschätzungen gibt, ist nicht auszuschließen.
Die Beispiele sind aus den verschiedensten Lebensbereichen genommen, um die vielfältige Anwendbarkeit des Modells zu demonstrieren und zur Diskussion zu stellen.

Aus Gründen der Vereinfachung und Verständlichkeit wird meist von Einzelpersonen gesprochen und von nur zwei Konfliktparteien. Es kann sich jedoch auch um eine oder mehrere Gruppen handeln. Die Besonderheiten, die es bei Gruppen und bei Mehrparteien-Konflikten zu beachten gilt, werden später in Kapitel II.2. erläutert.

1. Person A hat mehr strukturelle Macht als Person B:

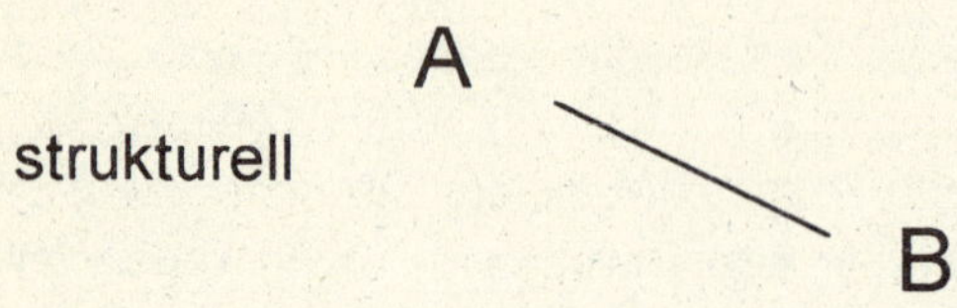

1.1. Person A hat mehr personale Macht als Person B:

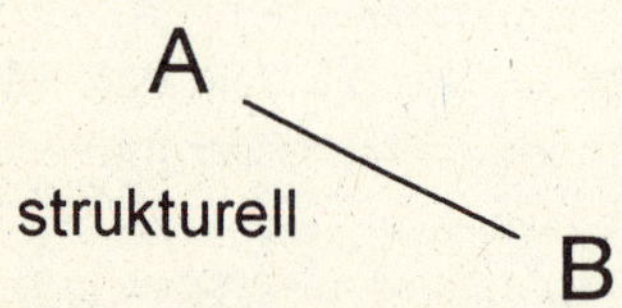

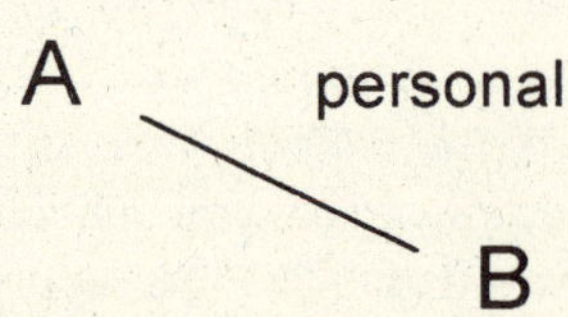

Diese Konstellation entspricht unserer ersten Variante des Copy-Shop-Konflikts:

Person A ist der mächtige Chef, der die Wünsche und Klagen seines Angestellten nicht an sich herankommen läßt und jederzeit in der überlegenen Position ist.

Ähnliche Paarungen wären: dominante Eltern - hilfloses Kind, GruppenleiterIn - schwaches Gruppenmitglied, RegierungschefIn - ParlamentarierIn der Oppositionspartei, Mehrheitsmeinung - Minderheitsmeinung (bei strikt angewendetem Mehrheitsprinzip).

Welche Handlungsmöglichkeiten liegen für Person A in der Mehrposition nahe, um ihr Interesse durchzusetzen?

a) Person A kann ihre personale und strukturelle Überlegenheit zur Geltung bringen, ohne ernstzunehmenden Widerstand befürchten zu müssen. Ihre Maxime wäre also die blanke Durchsetzung, das autokratische Handeln.

Beispiele:

** Herr Altmann in der ersten Variante des Copy-Shop-Beispiels.*

** Der Vater oder die Mutter, die ihre Macht als Erwachsene und Eltern ihrem unmündigen Kind gegenüber ausleben, ohne auf die Bedürfnisse des Kindes einzugehen.*

b) Person A kann sich der Sorgen der anderen Seite ein Stück weit annehmen und ihr Gutes tun - selbstverständlich in der Weise, in der sie selbst es für richtig hält und nicht nach den Vorstellungen der anderen Seite. A setzt also einen Teil ihrer üppigen (Macht-)Mittel zum Wohle der anderen Partei ein, ohne dabei jedoch ihr eigenes Interesse aufzugeben. Person A handelt also in paternalistischer und gönnerhafter Manier.

Beispiele:

** Ein diktatorisches Regime veranstaltet "Brot und Spiele", um das Volk bei Laune zu halten, geht aber nicht auf die Forderungen nach Freiheit und Demokratie ein.*

** Die Eltern, die ihr Kind mit Süßigkeiten und Fernseher abspeisen, wenn es mit ihnen spielen möchte.*

c) Person A verzichtet großzügig auf den eigenen Handlungswunsch und läßt - dieses Mal - Person B zum Zug kommen. Eine wirkliche Gleichwertigkeit ist in diesem Fall jedoch nicht erreicht.

Beispiel:

** Herr Altmann, der Copy-Shop-Besitzer, macht für Bodo, seinen Angestellten, eine Ausnahme von der Samstags-Arbeit. Dafür erwartet er jedoch Dankbarkeit und gesteigerte Loyalität und Einsatzbereitschaft.*

Beiden Varianten gemeinsam ist die Aufrechterhaltung des doppelten Machtgefälles, der strukturellen und der personalen Überlegenheit von Person A. Es ist anzunehmen, daß Person B, die ihr eigentliches Interesse nicht befriedigen kann, dies erkennt und/oder spürt - und ihre Aggression andersweitig ableiten wird.

Konstruktivere Möglichkeiten, den Konflikt durch Person A anzugehen, bestünden darin, die personale Macht nicht für den eigenen Vorteil einzusetzen, sondern eine gleichwertige Verhandlungssituation zuzulassen oder - noch weitgehender - die eigene strukturelle Überlegenheitsposition abzubauen:

d) Person A verzichtet auf den Einsatz ihrer personalen und strukturellen Machtmittel und begibt sich auf eine gleiche Ebene mit Person B: d.h. sie legt ihre eigenen Beweggründe dar, hört die der anderen Person an und versucht, gemeinsam mit Person B eine Konsenslösung zu finden. Dies erfordert die Einsicht und die Bereitschaft, auf einseitige Interessendurchsetzung zu verzichten.

Das strukturelle Machtgefälle bleibt erhalten, wird aber in der speziellen Konfliktsituation nicht gegen die andere Seite eingesetzt. Situativ ist Gleichrangigkeit erreicht worden.

Beispiel:

** Bei Mediationen oder runden Tischen, bei denen es um Planungsfragen geht - z.B. Fragen der Müllvermeidung und -entsorgung -, werden Bürgerinitiativen und Umweltverbände als gleichrangige GesprächspartnerInnen an einen Tisch geholt. Die Verwaltung und das Parlament verzichten dabei - aus guten Gründen - auf ihre Entscheidungs- und Durchsetzungsmacht, ohne sie jedoch grundsätzlich aufzugeben oder in Frage stellen zu lassen.*

e) Person A verzichtet nicht nur auf den Einsatz ihrer Machtmittel, sondern ist auch bereit, die eigene strukturelle Vormachtstellung abzubauen und somit eine Gleichwertigkeit auf beiden Ebenen zu etablieren.

Beispiel:

** Der neugewählte Vorsitzende einer Friedensorganisation kündigt an, daß er die Vorrechte, die ihm laut Satzung und Verreinsrecht zustehen, nicht nutzen wird, sondern seine Meinung als gleichrangiges Mitglied des Vorstands einbringen wird.*

f) Möglichkeiten der Konfliktintervention durch Dritte:

Ist keine der beiden Konfliktparteien bereit oder in der Lage, ein konstruktiveres Konfliktverhalten an den Tag zu legen, könnte von dritter Seite ein konstruktiver Impuls ausgehen, indem
* die stärkere Seite (A) "gebremst" wird in ihrer Machtausübung (*Beispiel: Gerichtliche Intervention oder Anweisung von höherer Stelle).* Nachteil: Wenn keine Einsicht vorhanden ist, kann dies zu einer neuen destruktiven Konflikteskalation führen;
* die stärkere Seite (A) beraten wird, wie sie ihre Interessen konstruktiver verfolgen kann;

* die schwächere Seite (B) persönlich oder strukturell gestärkt wird, damit sie als gleichrangige Verhandlungspartnerin ernstgenommen wird und im Konflikt konstruktiv agieren kann;
* die schwächere Seite (B) beraten wird, wie sie ihre Interessen auf andere Weise, ohne Person A verwirklichen kann.

1.2. Person A hat gleichviel personale Macht wie Person B:

Diese Konstellation kann auftreten, wenn sich ungleiche Konfliktparteien zu einer Verhandlung an einen Tisch setzen. Die Gesprächsbereitschaft ist auf beiden Seiten vorhanden, auch wenn die strukturelle Macht ungleich verteilt ist. In den vorangegangenen Konfliktbeispielen (I.1.1) ergibt sich eine solche Situation, wenn aufgrund des Einlenkens von Person A (Variante d) oder der persönlichen Stärkung von B ein Dialog möglich geworden ist. Der erste Schritt zur konstruktiven Konfliktaustragung ist getan. Er kann aber immer noch auf destruktive Abwege führen.

Beispiele für solche Konstellationen sind: die gesprächsbereite ChefIn/ GruppenleiterIn/Eltern, runde Tische und Mediationen mit unterschiedlich mächtigen Beteiligten.

Handlungsmöglichkeiten für Person A sind:

a) Person A ist sich ihrer strukturellen Macht bewußt und verhandelt in einer solchen Weise, daß sie sich nicht bemüht, auch Lösungen für die Interessen der Gegenseite zu finden. Sie versucht, Person B "über den Tisch zu ziehen" und einseitig ihre Interessen durchzusetzen.

Beispiel:

** Im Rahmen einer halbherzigen "Mitbestimmung" dürfen SchülerInnen (AusländerInnen, ArbeitnehmerInnen etc.) an der Verwaltung der Schule (der*

Stadt, des Betriebs etc.) teilhaben, werden aber an den entscheidenden Punkten ständig durch irgendwelche Sachzwänge, zusätzliche Informationen oder Mehrheitsabstimmungen ausgebremst.

Wird dieses Verhalten nicht durchschaut und unterbunden, so werden in der Verhandlung von der unterlegenen Seite entweder die eigenen Interessen preisgegeben oder "Kompromisse" eingegangen, die ungleiche Vor- und Nachteile für die Beteiligten mit sich bringen. Die Benachteiligten werden sich vielleicht erst im Anschluß an die Verhandlungen darüber bewußt, daß sie sich über den Tisch haben ziehen lassen. Die Umsetzung der Ergebnisse wird dadurch leiden, neue Aggressionen werden sich aufbauen.

Konstruktivere Handlungsmöglichkeiten sind:

b) Person A läßt sich auf einen wirklichen Dialog ein, d.h. hört sich auch die Bedürfnisse der Gegenseite an und nimmt sie ernst, und versucht zu einem Konsens zu kommen statt zu einem einseitigen Kompromiß. Konsens meint dabei, daß Lösungen nicht durch Zugeständnisse erkauft werden, sondern daß Wege gefunden werden, alle Interessen optimal zu befriedigen. Die Beteiligten sind sowohl mit dem Ergebnis, als auch mit dem Prozeß zufrieden.

Dieser Weg entspricht der konstruktiven Konfliktaustragung, wie sie Pat Patfoort vorschlägt. Allerdings ist das strukturelle Ungleichgewicht nicht beseitigt. Wenn sie bei jedem auftretenden Konflikt in dieser Art hintangestellt werden würde, wäre das Machtungleichgewicht praktisch aufgehoben. Solange dies nicht der Fall ist, kann es immer wieder zu strukturell (mit)bedingten Konflikten kommen.

Beispiel:

* *Eine Stadtverwaltung nimmt - nach verschiedentlichen Protestaktionen - einen Dialog mit einer militant auftretenden Jugendkultur-Initiative auf, die ein bisher von ihr besetztes Haus räumen muß. In den Verhandlungen wird ein Alternativ-Standort und ein Modus zur Finanzierung der neuen Räume gefunden.*

c) Möglichkeiten der Konfliktintervention durch Dritte:

* Dritte können durch geeignete Gesprächsmoderation der Gefahr des "Über-den-Tisch-Ziehens" entgegenwirken und einen konstruktiven Verhandlungsstil

unterstützen.
* Die Frage der strukturellen Ungleichheit bzw. Ungerechtigkeit kann in den Verhandlungen oder danach thematisiert werden. Die schwächere Seite kann in ihren Emanzipationsbemühungen beraten und unterstützt werden.

1.3. Person A hat weniger personale Macht als Person B:

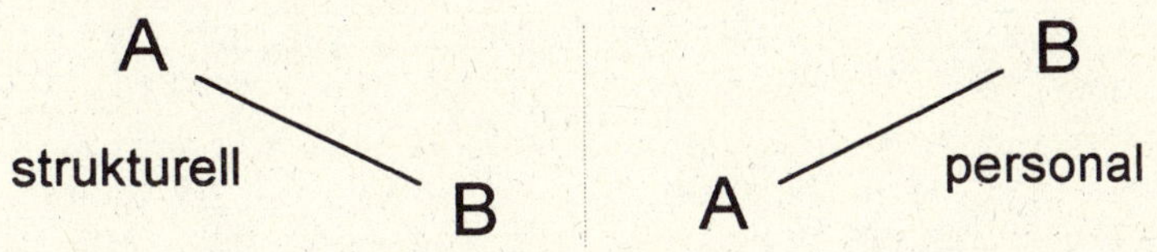

In dieser Konstellation ist oder fühlt sich die strukturell überlegene Person A in der konkreten Auseinandersetzung der anderen Konfliktpartei von ihren persönlichen Durchsetzungsmitteln her unterlegen. Dies kann etwa dadurch geschehen, daß sie sich persönlichen Angriffen und Beleidigungen ausgesetzt sieht, in der Argumentation unterlegen ist oder physisch bedroht wird. Die Minder-Position muß keine dauerhafte sein, sondern kann möglicherweise durch den Verweis auf strukturelle Sanktionen wieder verlassen werden.

Ein Beispiel für diese Mischung aus struktureller Überlegenheit und personaler Unterlegenheit ist die zweite Variante des Copy-Shop-Konflikts. Weitere Beispiele für solche Konstellationen sind: Cliquen-AnführerInnen - kritische AußenseiterInnen; persönlich schwache Autoritätspersonen - entschlossen auftretende Untergebene; wirtschaftlich mächtige Personen - Intellektuelle; etablierte Personen - gewalttätig aufbegehrende "Underdogs".

Handlungsmöglichkeiten für Person A sind:

a) Person A setzt ihre strukturellen Machtmittel als Drohung und/oder als reale Sanktion ein, um den Widerspruch von Person B zu bremsen, zu stoppen oder unwirksam zu machen.

Beispiel:

** In der Variante des Copy-Shop-Konflikts droht der Chef Entlassung an, um den Widerspruch und das Argumentieren des Angestellten zu beenden.*

b) Person A weicht einer direkten Konfrontation mit Person B aus oder verhindert sie und setzt sich aufgrund der strukturellen Machtposition durch.

Beispiele:

** Ein Chef hört sich den Widerspruch eines Angestellten erst gar nicht an, gibt vor, nicht da zu sein, keine Zeit zu haben etc. und schafft weiterhin vollendete Tatsachen.*

** Die festungsmäßig gesicherten Wohnhäuser von Reichen in einer armen Umgebung sind eine Sicherheitsmaßnahme gegenüber Übergriffen von weniger Begüterten.*

Das strukturelle Ungleichgewicht und die soziale Ungerechtigkeit werden durch das Ausspielen der strukturellen Macht gesichert. Ihr unterdrückerischer Charakter wird den Aufbegehrenden klar vor Augen geführt. Die daraus resultierende Aggression kann in der direkten Auseinandersetzung entweder in politisch-strukturelles Aufbegehren oder in kriminelle Ersatzhandlungen gelenkt, auf "Ersatzobjekte" verschoben oder hinuntergeschluckt werden.

Als konstruktive Möglichkeiten, mit dieser Situation umzugehen, böten sich für Person A an:

c) Die Angriffe und Entgleisungen der anderen Seite werden thematisiert oder abgewehrt, ohne daß sich Person A selbst in eine Mehr-Position bringt. Ziel ist nicht die eigene Durchsetzung, sondern ein fairer Dialog.

Beispiel:

** Eine Sozialpädagogin, die die letzten Jugendlichen aus dem Jugendzentrum hinausbefördern will, damit sie abschließen und nach Hause gehen kann, stößt auf aggressiven Widerstand der Jugendlichen. Da sie nicht zu Wort kommt und nicht angehört wird, zieht sie sich in ihr Büro zurück mit dem Angebot, daß die Jugendlichen dort mit ihr in Ruhe reden könnten. Wenn dies in der nächsten Viertelstunde nicht geschehe, werde sie die Polizei rufen.*

In diesem Beispiel wird deutlich, wie die strukturelle Überlegenheit auch als Druckmittel zu einem ergebnisoffenen Dialog genutzt werden kann. Allerdings hat man sich dabei zu einer Eskalation und dem Ausspielen der strukturellen Macht verpflichtet, falls das Mittel nicht wirkt. Andere, weniger harte "Konsequenzen" - z.B. das Thematisieren des Vorfalls in einem Jugendzentrums-Plenum - könnten sich in der konkreten Situation als zu schwach erweisen. Sinnvoller und wirksamer könnte es sein, den eigenen Ärger nichtverletzend, aber deutlich auszudrücken, ohne zusätzlich mit irgendetwas zu drohen.

d) Die strukturell mächtigere Seite ist bereit zu einem gleichwertigen Dialog und steckt die Angriffe und Entgleisungen der anderen Seite als verständliche Reaktion einfach weg, ohne sich von dem konstruktiven Pfad abbringen zu lassen. Zusätzlich könnte sie die andere Seite zu gewaltfreiem Verhalten ermutigen, indem sie die eigene Offenheit und Gesprächsbereitschaft deutlich herausstellt.

Beispiel:

* *Ein körperlich starker Vater läßt den zornig um sich schlagenden kleinen Sohn einfach gewähren, während er ihm weiterhin in freundlichem Ton den Sinn eines Verbots erklärt und gemeinsam mit dem Jungen andere Möglichkeiten sucht, sein Interesse zu verwirklichen.*

e) Person A wehrt sich gegen persönliche Beleidigungen, ist aber bereit, sowohl über den konkreten Streitfall wie über die Verteilung der strukturellen Macht zu reden, d.h. Macht abzugeben. So könnte das hierarchische Gefälle in eine Teamstruktur umgebaut oder mehr eigenverantwortliche, autonome Untergruppen gebildet werden.

Beispiel:

* *Bei Jugendfreizeiten gibt es immer wieder Probleme mit der Getränkekasse. Statt zu repressiven Maßnahmen zu greifen, können die BetreuerInnen den Jugendlichen - oder einer freiwilligen Gruppe von ihnen - die ganze Beschaffung und Abrechnung der Getränke selbst überlassen.*

f) Interventionsmöglichkeiten für Dritte:

* Beratung und Training in konstruktiver Gesprächsführung für die mächtigere und die schwächere Seite.
* Hilfe durch Gesprächsmoderation (wird möglicherweise von Person A aus Angst vor Machtverlust nicht angenommen);
* Bewußtmachung des Zusammenhangs von struktureller Gewalt und personaler Gegengewalt - und umgekehrt.
* Training für gewaltfreie strukturelle Veränderungsmöglichkeiten für die Person(engruppe) B.

2. Person A hat gleichviel strukturelle Macht wie Person B

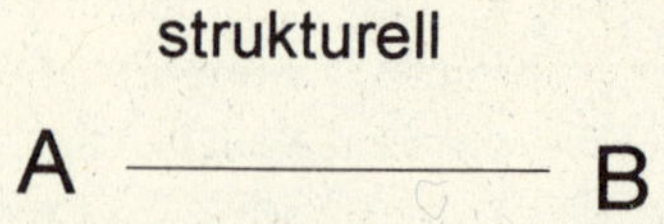

Diese Ausgangssituation liegt häufig der vertikalen Eskalation, die im ersten Teil beschrieben wurde, zugrunde: Jede Seite versucht, die andere Person zu überflügeln, und hat auch die entsprechenden Mittel dazu. Konstruktiv würde der Konflikt bearbeitet, wenn die "aus dem Gleichgewicht geratenen" Konfliktbeteiligten wieder auf eine gleiche Ebene kämen und eine Win-win-Lösung für ihre unterschiedlichen Interessen finden könnten.

Darüber hinaus gibt es ein paar zusätzliche Besonderheiten, die bisher noch nicht zur Sprache gekommen sind:

2.1. Person A hat mehr personale Macht als Person B:

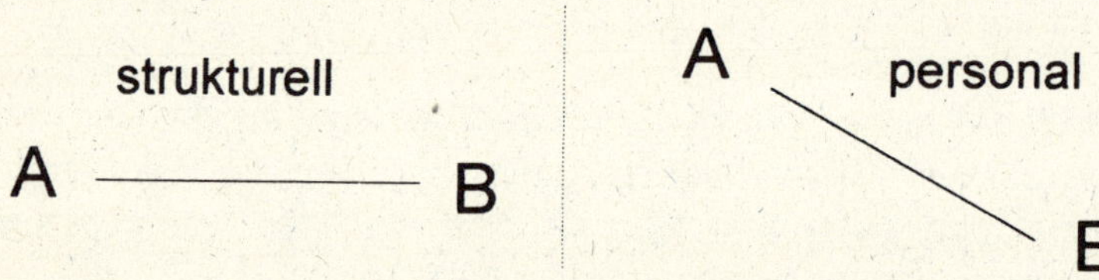

Die Streitparteien sind zwar auf derselben Hierarchie-Ebene, Person A hebt sich jedoch dennoch von der anderen Partei ab: Sie ist oder fühlt sich aufgrund anderer Faktoren wie etwa Bildung oder Zugehörigkeit zu einer bevorzugten Gruppe, Geschlecht oder Ethnie überlegen.

Diese Situation kann auftreten, wenn ein Mitglied einer bestehenden Gruppe einem neuen Gruppenmitglied gegenübersteht, wenn man im eigenen Land oder Milieu eineN FremdeN trifft, oder wenn sich jemand einer "auserwählten" religiösen Gemeinschaft zugehörig fühlt.

Die Grenze zur strukturellen Überlegenheit ist in diesem Fall oft fließend.

Wie kann sich Person A in Konflikten mit diesen Rahmenbedingungen verhalten?

a) Person A ist zwar rechtlich gleichgestellt mit Person B, bildet sich aber etwas auf ihre (längere) Gruppenzugehörigkeit ein und läßt das die andere Seite auch spüren. Sie begegnet ihr mit Überheblichkeit und Dünkel - gepaart mit Abwertung und Vorurteilen gegenüber der anderen Person.

Beispiel:

* *Die Familie einer Tochter aus gutem Haus akzeptiert deren neuen Freund nicht, weil er keine höhere Bildung hat und aus einfachen Verhältnissen kommt. Einer möglichen Heirat werden bewußt Steine in den Weg gelegt.*

Wenn es sich um einen Ausländer handeln würde, könnte die Familie das eigene Land und dessen Kultur hochstilisieren (Ethnozentrismus), so daß kein Platz für eine positive Würdigung anderer Länder und Kulturen mehr bleibt.

Eine konstruktivere Verhaltensweise wäre:

b) Person A ist der anderen Person und ihrem Hintergrund gegenüber tolerant, spricht aber die Probleme, die auftauchen an - ohne pauschale Wertungen oder ängstliche Zurückhaltung. Hilfreich könnte es dabei sein, auch die positiven Seiten der anderen Person, die man sieht, zu würdigen und die eigene Bereitschaft deutlich zu machen, Neues dazuzulernen.

Beispiel:

Die Familie der heiratswilligen Tochter erkundigt sich in respektvoller Weise nach dem Werdegang des Freundes und seinem kulturellem Hintergrund und trägt ihre Bedenken über möglicherweise auftretende Schwierigkeiten offen, aber einfühlsam vor. Sie läßt sich entweder davon überzeugen, daß diese Bedenken unbegründet sind, oder strebt - unter Einbeziehung der Tochter - Vereinbarungen an, die geeignet sind, die Probleme zu minimieren oder aus der Welt zu schaffen. So könnte u.a. vereinbart werden, daß man die Heimat des zukünftigen Schwiersohns gemeinsam besucht, seinen Freundeskreis und seine Verwandten kennenlernt und sich über Religion, Kultur, Milieu etc. anhand von Literatur informiert, während umgekehrt der Freund sich mit den Fragen und Themen auseinandersetzt, die seiner Freundin und ihrer Familie so wichtig sind.

Die angeführten Beispiele scheinen eher die strukturelle als die personale Überlegenheit zu belegen. In der Tat ist der Unterschied in diesen Fällen nicht leicht zu erkennen. Gegen die Vermutung, daß die Personen A in diesen Beispielen strukturelle Macht ausgespielt hätten, spricht, daß sie ihr Interesse eben nicht strukturell, sondern höchstens durch ihr persönliches Auftreten und ihre persönliche Machtmittel durchsetzen können.

c) Interventionsmöglichkeiten für Dritte:

* Allseitiger Appell an die Menschlichkeit und Einsatz für Toleranz in allen Bereichen;
* Moderation und Mediation.

2.2. Person A hat gleichviel personale Macht wie Person B:

strukturell	personal
A ———— B	A ———— B

Die Streitparteien sind sowohl strukturell gleich mächtig, als auch in ihren persönlichen Fähigkeiten in etwa ebenbürtig.

Diese Konstellation finden wir in "egalitären" Gruppen vor, sei es bei Konflikten zwischen Geschwistern, zwischen Kindern in einer Schulklasse, zwischen FreundInnen, bei Paaren, in Wohngemeinschaften, unter ArbeitskollegInnen, in selbstorganisierten Projekten, in Bürgerinitiativen usw.

In der Auseinandersetzung können beide ihre Machtmittel nach und nach ausspielen, ohne daß von vornherein klar wäre, wer sich letztendlich durchsetzen wird. Diese Voraussetzung eignet sich einerseits für einen fairen, gleichwertigen Dialog, andererseits kann sie zu einer lang anhaltenden, beidseitigen Eskalation führen.

Person A - und in gleicher Weise Person B - kann sich in solchen Konflikten folgendermaßen verhalten:

a) Sie will sich durchsetzen und benutzt dazu die Mittel, die ihr zur Verfügung stehen. Diese Mittel werden dosiert eingesetzt, d.h. immer ein Stück härter als die letzte Reaktion von Person B, also stufenweise eskalierend. Da ein relatives Machtgleichgewicht besteht, wird sich B nicht so schnell geschlagen geben und ihrerseits weiter eskalieren. Der Streit gleitet immer mehr von der rational-argumentativen Ebene in destruktive Abgründe ab. Er kann durch den - vorläufigen - Sieg enden oder das Einlenken einer oder beider Seiten, durch Erschöpfung, gegenseitige Zerstörung beider Parteien, oder indem eine Seite die Übermacht gewinnt, weil sie sich mächtige Hilfsmittel bzw. Verbündete beschaffen konnte (womit das strukturelle Gleichgewicht verlassen worden wäre).

Beispiele:

* *In dem bekannten Film "Der Rosenkrieg" kämpfen die geschiedenen Eheleute darum, wer im bisher gemeinsam bewohnten Haus bleiben darf und wer gehen muß. Der Streit eskaliert über alle nur denkbaren Stufen bis hin zum katastrophalen Endpunkt.*

* *Das Urlaubs-Beispiel vom 1. Teil gehört meiner Einschätzung nach ebenfalls in diese Kategorie - trotz der finanziellen Mittel des Ehemanns, weil er sich dadurch weder einen gemeinsam verbrachten Urlaub noch den Fortbestand der Beziehung erkaufen kann.*

* *Aus dem internationalen Bereich gehören z.B. Handels-"Kriege" zwischen der EG und Japan oder der EG und den USA dazu, die aber doch immer wieder durch Kompromisse abgewendet werden können.*

b) Bei dieser Ausgangslage können beide Parteien auch unmittelbar in die konstruktive Konfliktbearbeitung überleiten, sofern sie es wollen. Denn die Gleichrangigkeit ist durch das strukturelle und personale Machtgleichgewicht schon gegeben. Trotzdem kann die eigentliche Konfliktlösung eine schwieriger Prozeß sein.

Person A verzichtet also darauf, Person B kleinmachen und übertrumpfen zu wollen, zieht jedoch auch - nichtverletzend - Grenzen gegen Übergriffe von B. Im konstruktiven Klärungsgespräch versucht A, die Interessen und Hintergründe beider Seiten zur Sprache zu bringen, zu einem gegenseitigen Verständnis zu kommen und gemeinsam Lösungen zu finden.

Beispiel:

* *Die konstruktive Variante der Urlaubs-Auseinandersetzung zwischen Andreas und Brigitte.*

c) Interventionsmöglichkeiten für Dritte:

* Dritte sollten sich bei gleichstarken KonfliktpartnerInnen eher zurückhalten, um ihnen "ihren Konflikt" und die Chance, ihn selbst zu klären, nicht wegzunehmen. Eine selbst erarbeitete Konfliktlösung ist einer mit fremder Hilfe gefundenen Lösung allemal vorzuziehen!
* Falls die Auseinandersetzung in einen unkontrollierbar destruktiven Bereich eskaliert, kann das physische Trennen der Streithähne eine angemessene Intervention sein.
* Schließlich ist ein ausgewogenes Machtverhältnis eine ideale Voraussetzung für Moderation und Mediation, wenn die Beteiligten sie wünschen.

2.3. Person A hat weniger personale Macht als Person B:

Person A ist äußerlich Person B gleichgestellt, ist ihr aber auf der persönlichen Ebene unterlegen. Das könnte die Neue sein, die in eine bestehende Gruppe kommt und sich dort noch unsicher fühlt, oder der Fremde, der sich mit den Sitten und Gebräuchen des Gastlandes noch nicht auskennt - also der Gegenpart zu Person A aus Abschnitt 2.1. Es kann sich aber auch um ein Mitglied der Mehrheitsgruppe handeln, das die direkte Auseinandersetzung mit einem anderen Gruppenmitglied scheut, weil es sich unterlegen fühlt.

Person A kann sich nun folgendermaßen verhalten:

a) Sie "schluckt" so lange herunter, bis sich die angestaute Aggression "aus heiterem Himmel" unverhältnismäßig stark entlädt. Wenn die Unterlegenheit sich auf den Bereich normaler Kommunikation bezieht, ist die Entladung denn eher eine oder mehrere Eskalationsstufen höher, z.B. auf der Ebene körperlicher Angriffe.

Beispiel:

* *Der immer wieder gehänselte Sonderling in einer Schulklasse rastet bei einer der üblichen Sticheleien aus und schlägt wie wild um sich.*

b) Person A kann der direkten Auseinandersetzung ausweichen und seine Aggression an anderen, Schwächeren ablassen.

Beispiel:

* *In einer Jugend-Clique muß ein unbeholfener und unbeliebter Jugendlicher viele Demütigungen einstecken. Gegenüber seinen jüngeren Geschwistern fällt er jedoch durch gereiztes, aggressives Verhalten auf.*

c) Person A frißt alles in sich hinein, bis sich psychosomatische Krankheitssymptome zeigen.

Beispiel:

* *Den wortkargen Außenseiter im Betrieb, dem man gewöhnlich die unangenehmen Arbeiten zuschiebt, plagen zunehmend Schmerzen in der Bauchgegend. Er erfährt vom Arzt, daß er ein Magengeschwür hat.*

d) Person A scheut zwar die direkte Auseinandersetzung, versucht aber, Person B indirekt zu treffen. Dazu holt sie sich evtl. auch die verbale oder tatkräftige Unterstützung Gleichgesinnter ein. Je stärker das eigene schwache Ich durch andere verstärkt wird, desto eher kann es auch eine direkte Attacke wagen.

Beispiel:

* *Eine Kollegin kommt beim Chef und den männlichen Mitarbeitern durch ihr selbstbewußtes Auftreten und wegen ihres Könnens gut an. Die anderen Kolleginnen sehen sich dadurch herabgesetzt und reagieren mit Klatsch bis hin zu Mobbing.*

Konstruktive Verhaltensweisen wären:

e) Person A versucht, sich selbst zu stärken bzw. sich ein Herz zu fassen und den Konflikt direkt und fair anzusprechen. Die Gefahr, nicht ernstgenommen und weiterhin abgewertet zu werden, ist zwar vorhanden, aber der Versuch sollte trotzdem unternommen werden, bevor zu anderen Mitteln gegriffen wird.

Beispiel:

** Der Außenseiter im Betrieb spricht seine Probleme mit der Überheblichkeit mancher MitarbeiterInnen bei einer Teambesprechung offen und nichtverletzend an, und ist bereit, sich die Begründungen der Betroffenen anzuhören.*

f) Person A holt sich Hilfe, sei es in Form von Beratung, Konflikttraining und Stärkung des Selbstbewußtseins, oder indem eine weitere Person als Unterstützung im Konfliktaustrag hinzugeholt wird.

Beispiel:

** Der gehänselte Schüler wendet sich an einen älteren Schüler der Patenklasse und bittet um Unterstützung.*

g) Möglichkeiten der Intervention für Dritte:

* Beratende und unterstützende Gespräche;
* Konflikttraining;
* als UnterstützerIn mit zum Konfliktgespräch gehen;
* Solidaritätsarbeit in gesellschaftlichen Konflikten.

3. Person A hat weniger strukturelle Macht als Person B:

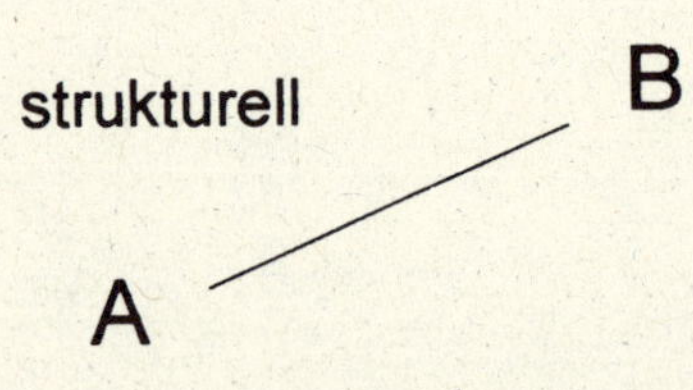

Diese Ausgangssituation ist dazu prädestiniert, eine Aggressionsverschiebung auf andere, schwächere Personen (horizontale Ableitung) oder auf sich selbst (Selbst-Aggression) zu verursachen, wie sie im ersten Teil beschrieben wurde. Betrachtet man jedoch auch hier die unterschiedlichen persönlichen Stärken, die subjektive Konfliktwahrnehmung und die eigene Selbsteinschätzung, so lassen sich weitere interessante Konfliktaustragungsmuster erkennen.

3.1. Person A hat mehr personale Macht als Person B:

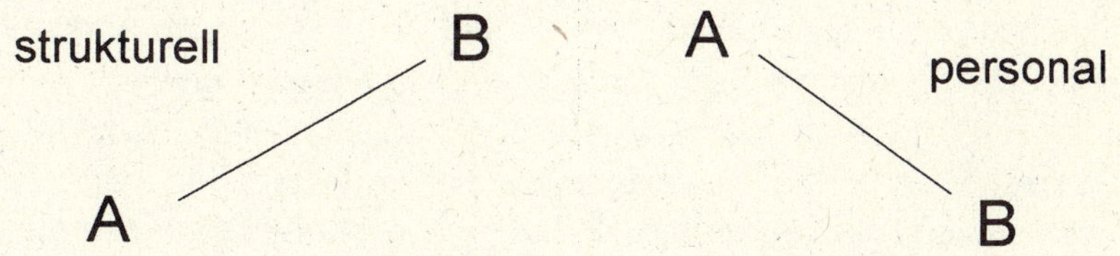

Person A ist zwar strukturell machtlos im Vergleich zu Person B, ist aber bereit, sich mit ihren Mitteln zu wehren und durchzusetzen. Wenn auch die Mittel im Endeffekt gegen einen strukturell mächtigeren Gegner sehr begrenzt wirksam sind, führt das nicht zu Resignation. Denn es kommt meist noch ein gesteigertes Selbstwertgefühl hinzu. A fühlt sich besser, überlegen, höherwertig gegenüber B. Angesichts der strukturellen Ohnmacht von Person A könnte dieses Überlegenheitsgefühl auch eine Kompensation der eigenen strukturellen Minder-Position sein.

Kompensatorisches Überlegenheitsstreben läßt sich am leichtesten gegenüber anderen, noch schwächeren Menschen(gruppen) verwirklichen. Gegenüber den ursprünglich mächtigeren KontrahentInnen läßt sich dies durch ein gesteigertes oder moralisch aufgewertetes Selbstbild oder durch den Zusammenschluß mit "LeidensgenossInnen" erreichen.

Wir finden diese Konstellation im Protest unangepaßter Jugendlicher gegenüber dem System und der Erwachsenenwelt, seien es Punks oder Skins, Autonome oder Rechtsradikale - ohne diese damit über einen Kamm scheren zu wollen. Auch radikale politische Gruppen finden sich in einer solchen Ausgangssituation wieder, wenn und solange sie deutlich in der Minderheit sind. Die Ideologie und das verfochtene politische Programm können dazu dienen, sich selbst einen Platz unter den Fortschrittlichen und moralisch-geistig Überlegenen zuzuschreiben. Der Kampf mit dem "System" hat für die Gruppenidentität auch dann einen Sinn, wenn man - zumindest in naher Zukunft - nur punktuell Erfolge erreichen kann - wenn überhaupt. Die Position der Märtyrer oder ewig Unterdrückten kann solche Gruppen mehr als ihre Erfolge stabilisieren.

Wie kann Partei A, die in diesem Fall meist Teil einer Gruppe ist, in Konfliktsituationen reagieren?

a) Sie kann ihre strukturelle Minder-Position in gesteigertem Haß auf das Establishment, die Gesellschaft, das System, die anderen bündeln und sich - zusammen mit anderen - der einzig für richtig gehaltenen Ideologie derart radikal verschreiben, daß Gewaltexzesse als erlaubte oder gar notwenige Befreiungsschläge ausgeübt und rechtfertigt werden. Die unvermeidliche repressive Reaktion dient der weiteren ideologischen Stabilisierung und eigenen moralischen Aufwertung.

Beispiele:

* *Der bewaffnete Kampf der Roten Armee Fraktion (RAF) weist solche Muster auf; ebenso die Gewalttaten rechtsextremistischer Gruppierungen in den letzten Jahren.*

* *In einem kleineren, persönlichen Rahmen könnte man vielleicht ein schwer vernachlässigtes Kind als Beispiel nehmen, das durch entsprechenden Video-Konsum sich eine solche Scheinwelt aufgebaut hat, daß es als "Terminator", "He-Man" usw. seine Gewaltphantasien konkret auslebt.*

b) Die eigene strukturelle Minder-Position wird durch rassistische, antisemitische, sexistische o.a. Hetze kompensiert, so daß man durch die Zugehörigkeit zu einer "höherwertigen" Gruppe sein Selbstbewußtsein stabilisieren kann. Die Diskriminierung von Andersartigen geht weiter als bei Ethnozentrikern oder dünkelhaft Überheblichen, die eher sich selbst aufwerten als andere attackieren. Die "machtlosen" Rassisten dagegen müssen andere sehr weit "herunterdrücken", bis für sie selbst ein Überlegenheitsgefühl entsteht.

Beispiele:

* *Der unzufriedene, wirtschaftlich in seiner Existenz bedrohte Deutsche (Franzose, Engländer ...), der die Schuld an seiner schlechten Situation und überhaupt allem Übel den AusländerInnen in die Schuhe schiebt.*

* *Oder die deklassierten US-AmerikanerInnen, die alles Böse einer Verschwörung der UNO zuschreiben und entsprechende Hetze betreiben.*

c) Die eigene Außenseiter- oder Ohnmachts-Position wird durch ein politisch oder moralisch begründetes Feindbild wettgemacht. Es wird in den eigenen Augen ein guter und richtiger Kampf gegen den politischen Gegner geführt. Die Kampfmittel können durchaus gewaltlos sein, aber die Überzeugung von der eigenen Moralität und der Unverbesserlichkeit des Gegners, lassen keine "Kompromisse" zu, sondern nur die Durchsetzung der eigenen Lösung.

Beispiel:

* *Im Kampf gegen genmanipulierte Nahrung stellen Anti-Genfood-Gruppen einem der "Vorreiter"-Konzerne (bewußt) unrealisierbare Forderungen, damit auf jeden Fall der nächsthöhere Eskalationsschritt durchgeführt werden kann und das Negativ-Image des Konzerns gewahrt bleibt. Als Lösung des Konflikts käme eigentlich nur die Kapitulation und Auflösung des Konzerns in Frage, da jede Konsenslösung verdächtig wäre und dem Konzern ein verbessertes Image verschaffen würde, was auf jeden Fall verhindert werden soll. Zwischen den Polen grundsätzlicher Widerstand und vollständiger Sieg gibt es keinen Platz für Zwischenschritte und pragmatische Verbesserungen innerhalb der gegebenen strukturellen Verhältnisse.*

Wie könnte eine konstruktivere Konfliktbearbeitung seitens Person bzw. Konfliktpartei A aussehen?

d) Die eigene strukturelle Ohnmacht wird gesehen - und nicht verdrängt bzw. irgendwelche Sündenböcke dafür verantwortlich gemacht. Der Realität ins Auge zu blicken und in einer klaren Analyse auch die wirklichen Zusammenhänge zu erfassen, ist Voraussetzung für eine konstruktive Lösung der eigentlichen Probleme. Die eigenen Ressourcen und Stärken werden nicht für Scheinsiege über zum "Feind" stilisierten Menschen eingesetzt, sondern um an die Wurzel des mißlichen Zustands zu gehen. Möglicherweise lassen sich allein und mit den üblichen Methoden keine aussichtsreichen Veränderungen erreichen. Dann ist der Zusammenschluß mit Gleichgesinnten und die Erarbeitung eines neues Handlungsrepertoires eine angemessenere Art, persönliche Stabilität und Selbstbewußtsein wiederherzustellen, zu bewahren und auszubauen, als sich an der falschen Stelle "auszutoben".

Beispiel:

* *Mit der zunehmenden Bedrohung durch Arbeitslosigkeit und wirtschaftlich-sozialen Abstieg nahmen auch Hetzkampagnen gegen AsylbewerberInnen*

und alles Fremdländische zu. Die eigentlichen Ursachen für die Probleme blieben im Nebel oder schienen so kompliziert und unbeeinflußbar, daß die Auseinandersetzung auf Ersatzschauplätzen geführt wurde. Eine vorurteilsfreie Auseinandersetzung mit unseren wirtschaftlichen und politischen Strukturen und Mechanismen sowie dem eigenen Anteil an der Aufrechterhaltung dieses Systems könnte die Konfliktaustragung in die richtige Richtung bringen. Sich mit gleich Betroffenen zusammenzufinden und auszutauschen, könnte darüber hinaus die Menschen psychisch stärken und ihnen neue Möglichkeit eröffnen, dem Problem angemessene Handlungsformen zu entwickeln und umzusetzen. Arbeitsloseninitiativen könnten eine wichtige Rolle für eine Entwicklung in diese Richtung spielen.

e) Die Auseinandersetzung könnte, sofern Person A ihre personale Überlegenheit nicht zuungunsten von Person B ausspielt trotz des strukturellen Machtungleichgewichts zu einem konstruktiven Ergebnis führen. Da sich B nicht persönlich angegriffen oder bedroht sieht, könnte dies die Bereitschaft zum Gespräch und zu konsensualen Lösungen erzeugen. Die strukturellen Machtverhältnisse wären damit nicht in Frage gestellt oder verändert, aber der konkrete Konflikt gelöst.

Beispiel:

** In einem Betrieb erteilt der etwas unsichere Vorgesetzte einer selbstbewußten Aushilfskraft Anweisungen, wie die Arbeit genau ausgeführt werden soll. Die Aushilfskraft hält diese Anweisungen für unpraktisch und möchte die Arbeit gerne anders organisieren. Im Gespräch mit dem Vorgesetzten anerkennt sie dessen Position und Interessen und schlägt andere Möglichkeiten vor, die Arbeit zu erledigen. Die Vorteile für beide Seiten werden herausgestrichen, Einwände oder Ergänzungsvorschläge berücksichtigt und eingearbeitet. Ein Abrücken von der ursprünglichen Anweisung bedeutet so für den Vorgesetzten keinen Gesichts- oder Autoritätsverlust und kann deshalb von ihm zugelassen werden.*

f) Person A möchte nicht nur den konkreten Konflikt, sondern das ganze System, die hierarchische Struktur usw. verändern. Person B muß also um ihre strukturelle Überlegenheitsposition fürchten. Sie wird versuchen, sich zu schützen, indem sie Person A gar nicht an sich heranläßt oder ihr von vornherein klar macht, wer hier das Sagen hat. Dialogversuche seitens Person A werden deshalb kaum Erfolg haben.

Es ist nun eine vertrackte Situation entstanden: Einerseits will A eine konstruktive, gewaltfreie Lösung, andererseits muß sie sich zuerst einmal Gehör verschaffen, indem sie der strukturellen Macht von B gewaltfreie Macht "von unten" entgegensetzt. Ihre Absicht ist es, B zum Dialog zu "zwingen" - was vielleicht ein Widerspruch in sich selbst ist. Etwas abgeschwächt könnte man auch sagen: B soll von der Notwendigkeit und den Vorteilen eines Dialogs, einer Verhandlung überzeugt werden.

Exkurs: Ist Gewaltfreiheit und konstruktive Konfliktlösung mit Druck und Zwang vereinbar?

Wenn das Ziel der Verhandlung die Abgabe struktureller Macht durch B ist, bedarf es entweder der Einsicht von B oder eines enormen Drucks durch A, um dieses Ziel zu erreichen. Ob allerdings eine Lösung, die nur durch Druck und nicht durch Einsicht zustandekommt, als konstruktiv und gewaltfrei bezeichnet werden kann, ist fraglich. Andererseits ist das Blockieren von Gesprächen und strukturellen Veränderungen durch die MachthaberInnen ebenfalls wenig konstruktiv und überhaupt nicht gewaltfrei, wenn es zur Konservierung struktureller Gewalt dient.

Diese Dilemma-Situation kann dadurch aufgelöst oder zumindest abgeschwächt werden, daß Konfliktpartei A, die durch gewaltfreien Widerstand Druck entfaltet, die Interessen von Konfliktpartei B ebenso im Auge hat und in der möglicherweise erzwungenen Lösung berücksichtigt. Daß es dabei nur um "gerechtfertigte" Interessen gehen kann, ist klar. Weniger klar ist, was "gerechtfertigte Interessen" sind. Auf jeden Fall kann es sich nicht um Privilegien handeln.

"Konstruktiv" und "gewaltfrei" könnten jedoch solche Lösungen genannt werden,

* die zwar unter Druck erreicht wurden, weil sich die strukturell Mächtigen dem Dialog und den strukturellen Veränderungen verweigert haben,
* jedoch nicht durch physische Gewalt oder Gewaltandrohung durchgesetzt wurden
* und wenn die Gegenseite stets menschlich und achtungsvoll behandelt wurde,
* jederzeit der Dialog gesucht und angeboten wurde
* und im Ergebnis auch der "entmachteten" Konfliktpartei die gleichen Lebens- und Entfaltungsmöglichkeiten eingeräumt werden, wie sie die anderen Mitglieder der Gesellschaft haben.

Das schließt ein, daß die bisher Unterprivilegierten nicht in die Rolle neuer Privilegierter schlüpfen und neue Gewaltstrukturen einführen oder alte weiterführen.

Diesem hohen Anspruch muß gewaltfreier Widerstand genügen, wenn durch ihn Veränderungen gegenüber uneinsichtigen MachthaberInnen durchgesetzt werden sollen.

(Vgl. auch Kapitel II.7. "Gewaltfreier Widerstand und konstruktive Konfliktbearbeitung" sowie die Überlegungen zur Eskalation von Konflikten im Aufsatz "Gewaltfreie Konfliktlösung durch Deeskalation?")

Beispiele für diese Vorgehensweise in Konflikten:

** Die Widerstandskampagnen, die Mohandas K. Gandhi inspiriert und geleitet hat, sind von diesem Gewaltfreiheitsverständnis durchdrungen.*

** Die gewaltfreie Protest- und Widerstandsbewegung in der DDR, die zum Zusammenbruch des Regimes führte, und die runden Tische mit VertreterInnen der bisherigen Staatsmacht und der gesellschaftlichen Opposition, die eine friedliche Transformation des Gesellschaftssystems ermöglichten, entsprechen zum großen Teil den oben genannten Prämissen. Schwierige Punkte - in diesem Fall und in ähnlichen Situationen anderswo - sind sicherlich u.a. der Umgang mit den Verantwortlichen von Repression und Verbrechen im alten System und die Frage, wieviel politischen Freiraum die bisherigen politischen Kräfte/Parteien noch haben dürfen und wie verhindert werden kann, daß neue wirtschaftliche und politische Herrschaftsstrukturen die alten ablösen.*

** ArbeiterInnen haben sich verschiedentlich gegen Betriebsstillegungen gewehrt , die Fabrik besetzt und sie in Selbstverwaltung weitergeführt (Uhrenfabrik in Lip, ...)*

g) Interventionsmöglichkeiten für Dritte:

* Stärkung der unterlegenen Personen (Selbstwert, Selbstbewußtsein, Perspektiven) durch Beachtung, menschliche Anerkennung, Solidarität;
* Aufklärung und Bewußtseinsarbeit, um Aggressionsverschiebungen entgegenzutreten;

* konstruktive Formen der Selbstbestätigung und der Konfliktbearbeitung ermitteln;
* Beratung und Training in gewaltfreiem Widerstand und konstruktiver Konfliktlösung;
* Beteiligung am gewaltfreien Widerstand.

3.2. Person A hat gleichviel personale Macht wie Person B:

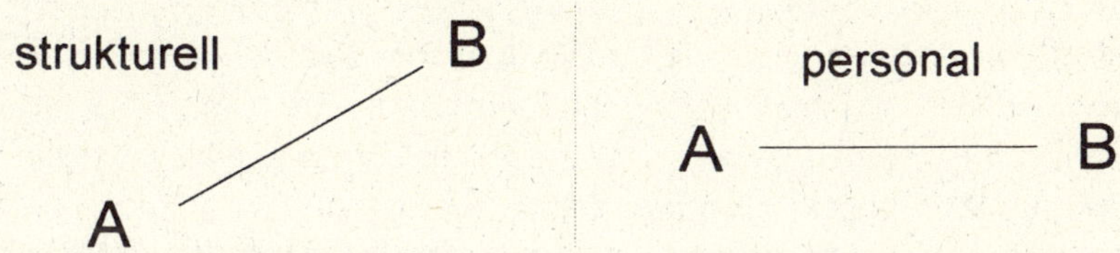

Person A ist Person B bzgl. der strukturellen Macht(mittel) unterlegen, kann ihr aber im unmittelbaren, persönlichen Kontakt auf gleicher Ebene begegnen. Dies kommt vor, wenn sich etwa ehemalige SchulkameradInnen, KollegInnen oder Freunde/Verwandte in einem Konflikt wiederfinden, bei dem die eine Seite von ihrer beruflichen, politischen oder sonstigen Position her mehr "Verantwortung trägt" als die andere. Auch in Gruppen und Organisationen, in denen jemand in den Vorstand gewählt wurde oder in andere Führungspositionen aufgerückt ist, dürfte ein solches personales Machtgleichgewicht in Konflikten häufig vorkommen.

Welche Möglichkeiten hat Person A, den Konflikt in ihrem Sinn zu lösen?

a) Person A kann der strukturell mächtigeren Person B Vorwürfe machen, sie moralisch, argumentativ, nonverbal usw. angreifen und sie bei anderen Personen in ein schlechtes Licht setzen.

Da Person B nicht hilflos ist, wird sie wahrscheinlich gegenhalten und die Auseinandersetzung eskaliert im persönlichen Bereich. Spätestens wenn "Ermüdungserscheinungen" bei B auftreten, wenn sie die Auseinandersetzung leid ist, wird sie auch von ihrer strukturellen Durchsetzungsmacht Gebrauch machen und möglicherweise das Gespräch mit A meiden. Person A ihrerseits wird sich über dieses Verhalten von B ärgern und ihre negativen Gefühle gegenüber B verstärken. Es entsteht ein "Graben" zwischen A und B, der zu dauerhafter Abneigung oder Opposition führen kann. Die "Grabenkämpfe" werden seitens der strukturell unterlegenen Seite A zunehmend mit "hinterhältigen" Attacken und der Mobilisierung Dritter geführt.

Beispiel:

** Eine Gruppe von Gleichgesinnten gründet einen Verein. Nachdem ein Vorstand gewählt wurde und seine Arbeit aufgenommen hat, kommt es recht bald in der Mitgliedschaft zu Unmut und heftigem Widerspruch gegen eine Entscheidung des Vorstands. Es gibt Diskussionen unter den Mitgliedern und mit dem Vorstand. Klärungsversuche in außerordentlich anberaumten Treffen bringen zwar eine vorübergehende Entspannung in der Atmosphäre, aber keine wirkliche Lösung des Konflikts. Nach einiger Zeit zieht sich der Vorstand entnervt oder der Diskussionen überdrüssig aus den persönlichen Konfrontationen zurück und tut, was seiner Ansicht nach getan werden muß - auch wenn damit einige Mitglieder nicht einverstanden sind. Diese wiederum sind empört, konfrontieren bisher neutrale Mitglieder mit dem ihrer Meinung nach unverschämten Verhalten des Vorstands und nutzen jede Gelegenheit, Stimmung gegen den Vorstand zu machen und seine Arbeit zu behindern. Ihr mittelfristiges Ziel könnte die Abwahl bei der nächsten Mitgliederversammlung sein.*

b) Person A versucht vielleicht, gegen Person B anzukommen - oder auch nicht -, und gibt ab einem gewissen Punkt auf und zieht sich zurück. Aufgrund der strukturellen Machtposition von B, sieht sie es für aussichtslos oder als Kräfteverschwendung an, sich in diesem Konflikt durchsetzen zu wollen. Wenn es möglich ist, verläßt A die Organisation bzw. das Umfeld von B und orientiert sich andersweitig. Die Auseinandersetzung wird also gemieden. Die psychische Belastung der Vermeidungsstrategie hält sich in Grenzen, da keine Niederlage im persönlichen Bereich erlitten wurde. Die strukturelle Unterlegenheit wird entweder als unvermeidbar emotional "weggesteckt", oder sie staut nach und nach neue Aggression auf.

Beispiel:

** Verschiedene Familien, die durch Verwandtschaft und Verschwägerung miteinander zusammenhängen, wohnen in einem Haus zusammen. Es entstehen immer wieder Konflikte zwischen Familie A und den anderen, zu denen auch die Hausbesitzerin gehört. Das Klima ist vergiftet. Familie A ist die Auseinandersetzungen leid und sucht sich eine andere Wohnung. Diese mag zwar teurer und nicht so günstig gelegen sein, aber Hauptsache ist, daß sie dieser "Hölle" entkommt.*

c) Ist eine Trennung von Konfliktpartei B nicht möglich, kann ein frostiges persönliches Verhältnis bei weitgehender Kontakt- und Konfliktvermeidung oder ein rein geschäftsmäßiger, keinen Anstoß erregender Kontakt die Folge sein. In politischen Zusammenhängen wird dabei oft von "innerer Emigration" gesprochen.

Beispiel:

** Der neue, ausländische Schwiegersohn fühlt sich in der Familie seiner Frau nicht akzeptiert. Er ist jedoch darauf angewiesen, mit ihr im Haus ihrer Eltern zu wohnen. Nachdem es zu verschiedenen Streitigkeiten gekommen ist, in denen er sich der Übermacht der Schwiegereltern beugen mußte, zieht er sich so weit wie möglich zurück und meidet den Kontakt mit ihnen. Trotzdem auftauchende Konflikte werden von nun an von seiner Frau ausgefochten.*

Obwohl Trennung und Konfliktvermeidung in manchen Situationen durchaus eine sinnvolle "Lösung" sein können, sind sie im Grunde genommen unbefriedigend und können negative Spätfolgen haben. Konstruktivere Möglichkeiten könnten sein:

d) Person A sucht die Auseinandersetzung und den Dialog mit Person B, ohne mit Vorwürfen und Verletzungen zu arbeiten. Vielmehr zeigt sie ihr klares Interesse, zu tragfähigen, beidseitig zufriedenstellenden Lösungen zu kommen. Anstelle mit Alles-oder-nichts-Forderungen die Verhandlungsbereitschaft der anderen Seite zu zermürben, achtet sie darauf, daß wenigstens Zwischenlösungen zustandekommen. Die Fortschritte, die gemacht wurden, werden so weit wie möglich bewußt gemacht und gewürdigt, so daß eine Fortsetzung der Gespräche auch für die Gegenseite nicht als vertane Zeit erscheint.

Beispiel:

** Im obigen Vereins-Beispiel suchen die opponierenden Mitglieder das Gespräch mit dem Vorstand und versuchen - mit gutem Willen und in freundlicher Atmosphäre - nach und nach konsensfähige (Zwischen-) Lösungen für die umstrittene Entscheidungsfrage zu erarbeiten. Andere Vereinsmitglieder werden von diesem Dialog informiert und zur Teilnahme eingeladen. Sackgassen oder stockende Verhandlungen werden mit Geduld oder mit Hilfe von Dritten (ModeratorInnen/MediatorInnen) zu überwinden versucht.*

e) Person A sucht nicht nur den Dialog mit Person B, sondern möchte auch eine Strukturveränderung erreichen. Anhand des konkret aufgetretenen Konflikts können nun nicht nur eine Einzelfall-Lösung erarbeitet werden, sondern auch Regelungen, die künftige Konflikte vermeiden helfen. Person A kann ihre Mitarbeit und Mitverantwortung anbieten - und auf diese Weise auch das strukturelle Machtgefälle einebnen.

Beispiel:

* *In einem Stadtteil ärgern sich BewohnerInnen über den häßlichen und vernachlässigten Zustand der öffentlichen Flächen um ihre Häuser. Das Gartenbauamt weist auf Personal- und Finanzknappheit hin. Wünsche nach einer geschmackvolleren Gestaltung und Begrünung der Flächen seien zwar nett, aber nicht zu finanzieren. In Verhandlungen mit der Stadt erreichen die BewohnerInnen, daß sie selbst - auch zukünftig - die Pflege der öffentlichen Flächen um ihre Häuser übernehmen können und dafür Material und Zuschüsse vom Gartenbauamt erhalten. Mit den gleichen Finanzmitteln können nun die BürgerInnen den öffentlichen Raum nach ihren eigenen Bedürfnissen und ihrem Geschmack gestalten und nutzen.*

f) Scheitert jede Verhandlung an der Halsstarrigkeit oder Machtbesessenheit von Person B, kann Person A versuchen, die eigene strukturelle Macht zu erweitern, indem sie kollektiven gewaltfreien Druck organisiert. Wird dadurch Verhandlungsbereitschaft erzeugt, kann wieder ein Dialog stattfinden. Gelingt dies nicht, wird die Ablösung von Person B aus ihrer strukturellen Machtposition erforderlich.

Beispiel:

* *Der Vorstand einer großen Mitgliederorganisation hat eine öffentliche Erklärung zu aktuellen politischen Ereignissen herausgegeben, die auf heftige Kritik vieler Mitglieder stieß. Durch Briefe, Leserbriefe und Gespräche wird der Vorstand aufgefordert, seine Erklärung öffentlich zurückzunehmen. Da er sich weigert, werden Resolutionen von Unterabteilungen der Organisation verfaßt, Unterschriftensammlungen gestartet, Stellungnahmen von befreundeten Organisationen eingeholt. Wenn bei den darauffolgenden Klärungsgesprächen kein Konsens gefunden werden kann, wird eine Abwahl bzw. eine Neuwahl des Vorstandes beantragt und möglicherweise durchgesetzt.*

f) Interventionsmöglichkeiten für Dritte:

* Ermutigung zu Aussprache, Dialog und Verhandlung;
* Moderation und Mediation;
* Hilfestellung bei der Organisation von gewaltfreiem Druck.

3.3. Person A hat weniger personale Macht als Person B:

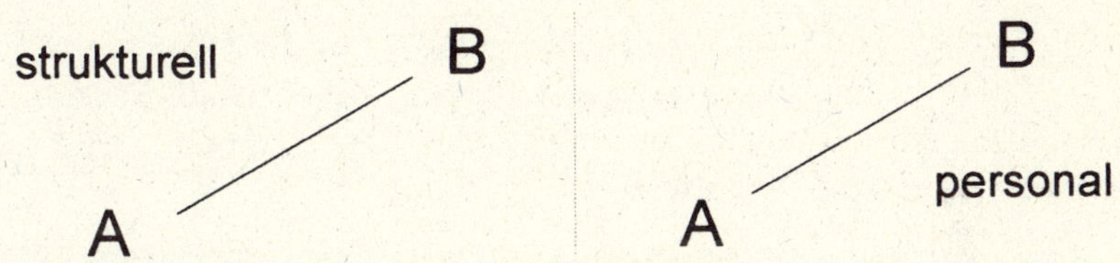

Person A ist Person B in jeder Hinsicht unterlegen. Weder strukturell noch personal hat sie Aussichten, sich durchsetzen zu können - falls B es nicht großzügig zuläßt. Es ist die genau entgegengesetzte Situation wie bei 1.1. bzw. deren komplementäre Ergänzung auf der anderen KontrahentInnen-Seite. Wir finden diese Konstellation also z.B. in Betrieben mit mächtigen Vorgesetzten und schwachen, unselbständigen Lehrlingen oder Angestellten, in Familien mit autoritären Eltern(teilen) und abhängigen, verängstigten Kindern oder im politischen Raum, wenn unorganisierte Minderheiten, die sich schlecht artikulieren können, versierten VertreterInnen der Mehrheitsgesellschaft bzw. der herrschenden Klasse gegenüberstehen.

Was bleibt dieser doppelt unterlegenen Person A an Handlungsmöglichkeiten?

a) Person A kann ihre Situation als aussichtslos erkennen und erst gar keine Auseinandersetzung mit Person B suchen. Stattdessen reagiert sie ihre Aggression an anderen Personen ab, die noch schwächer sind als sie. Falls irgendwelche Begründungen benötigt werden, lassen sich die Opfer leicht zu Sündenböcken stilisieren.

Beispiel:

** Jugendliche in der ehemaligen DDR, die nach der Wende verunsichert und alleingelassen, ohne Räume und Treffmöglichkeiten, ohne (bezahlbare)*

Freizeitangebote, ohne Arbeits- und Zukunftsperspektiven usw. Aggression und Haß anstauen, suchen sich "rote Zecken" oder Asylbewerber und AusländerInnen als Zielscheibe für Überfälle und Überlegenheitsdemonstrationen. Die wirklich Verantwortlichen für ihre Situation, also ihre eigentlichen KonfliktpartnerInnen (Person B), sind schwer ausmachbar und von ihnen kaum beeinflußbar. Die Aggressionsableitung auf Dritte kann in verschiedener Weise erklärt werden: Sie "erspart" die Analyse und Erkenntnis, woher ihre desolate Situation wirklich kommt, oder ist das Ergebnis ihrer eigenen, subjektiv gültigen Ursachenanalyse, oder sie ist ein gezielter Angriff auf die Schwachstellen des Staates.

b) Person A weiß um ihre Unterlegenheit und sinnt auf Rache. Die Racheaktionen müssen möglichst verschleiert sein, sollen also Person B die Urheberschaft von A nicht enthüllen, da sonst wieder eine direkte Auseinandersetzung die Folge wäre.

Beispiel:

* *In einem autoritär geführten Heim werden von BewohnerInnen immer wieder Gebäude und Einrichtungsgegenstände mutwillig beschädigt oder zerstört. Es kann nicht klar ermittelt werden, wer die TäterInnen sind.*

Oder Person A muß Person B ganz aus der Welt schaffen, um der unglückseligen doppelten Unterdrückung ein für alle Mal ein Ende zu bereiten.

* *Die jahrelang unterdrückte und mißhandelte Ehefrau bringt ihren Peiniger um.*

c) Person A erkennt ihre Unterlegenheit und "fügt sich in ihr Schicksal". Sie leidet doppelt: an den Handlungen von Person B, die gegen ihre Bedürfnisse gerichtet sind, und an der eigenen Unfähigkeit, daran etwas zu ändern. Vermutlich wird sie dieses Leiden verdrängen oder mit moralischen Tugenden verbrämen. Letztendlich wird es sich jedoch als depressive Stimmung, physische oder psychische Krankheit oder in selbstschädigenden Handlungen zeigen und seine zerstörerische Wirkung entfalten.

Beispiel:

* *Die Abhängigkeit und Unterdrückung von Frauen in patriarchalen Strukturen läßt diese oftmals ihre zugewiesene Rolle übernehmen, wobei viele aber früher oder später unter psychosomatischen Beschwerden leiden.*

Konstruktivere Handlungsmöglichkeiten für Person A wären:

d) Person A könnte zunächst an sich selbst arbeiten, d.h. ihre persönlichen Fähigkeiten erweitern - z.B. durch Selbsterfahrung, Supervision, therapeutische Seminare/Kurse, Kommunikations- und Selbstbehauptungstrainings, Informationsbeschaffung, Weiterbildung usw. Auf diese Weise könnte sie ihre personale Macht entwickeln und zu einer gleichwertigen GesprächspartnerIn für Person B werden.

Beispiel:

** Der stille, unsichere Angestellte lernt, seinen Ärger auszudrücken und seine Interessen ernstzunehmen und dafür einzutreten, wird dadurch selbstsicherer und mutiger und wagt es schließlich, beim nächsten Konflikt seinen Mund aufzumachen.*

e) Person A bittet andere Personen, ihr in der Konfliktaustragung beizustehen. Weitergehendes Ziel müßte dabei sein, allmählich selbst fähig zu werden, die eigene Interessensvertretung in die Hand zu nehmen.

Beispiel:

** Die Verkäuferinnen einer Ladenkette, die unter unmenschlichen und gesetzeswidrigen Bedingungen arbeiten, es aber nicht wagen, dagegen aufzubegehren, wenden sich an die zuständige Gewerkschaft. Diese nimmt sich der Sache an und führt Verhandlungen mit dem Arbeitgeber und öffentlichkeitswirksame Aktionen zu dem Konflikt durch.*

f) Interventionsmöglichkeiten für Dritte

* Unterstützung zum persönlichen und sozialen Wachstum (Empowerment),
* Unterstützung mit Fachwissen,
* Trainings in Kommunikation und Verhandlungsführung,
* Trainings in gewaltfreiem Widerstand,
* solidarisches Beistehen und Eintreten für die Rechte der Betroffenen.

4. Zusammenfassung

Die Art der Konfliktaustragung wird wesentlich von der Machtverteilung zwischen den KontrahentInnen bestimmt:

Die direkte Auseinandersetzung wird eher gesucht, wenn ein relatives Machtgleichgewicht oder Überlegenheit besteht. Die Gefahr besteht allerdings, daß die Kämpfe lang andauern und immer weiter eskalieren, ohne daß eine Lösung erreicht wird.

Besteht ein großes Machtübergewicht, kann das schlichte Tun und Durchsetzen der eigenen Ziele die Konfliktaustragung überflüssig erscheinen lassen, da oft kein nennenswerter Widerstand entgegengesetzt werden kann.

Versuche der verschiebenden Konfliktbewältigung liegen bei Machtunterlegenheit nahe, wobei zwischen versteckter Aggression gegenüber der eigentlichen KontrahentIn, der offenen Aggression gegenüber schwächeren Dritten und dem Nachgeben unterschieden werden muß.

Die Mittel der Auseinandersetzung hängen sehr von der eigenen Machtausstattung ab. Strukturell Mächtige können früher oder später auf ihre Entscheidungs- und Sanktionsmacht zurückgreifen, eine Macht, bei der man sich nicht "die Hände schmutzig macht" und oft auch der anderen Seite ausweichen kann. Personal Mächtige werden entweder ihre geistig-verbalen Kräfte einsetzen oder gegebenenfalls ihre physische Überlegenheit. Solange sie vereinzelt sind, kann diese Macht jedoch durch strukturelle Macht überboten werden.

Die beste Voraussetzung für konstruktive Lösungen sind:

* ein personales, noch besser auch ein strukturelles Machtgleichgewicht;
* der positive Einsatz von Machtübergewicht bzw. der bewußte Verzicht auf Einsatz dieser Macht.

Machtunterlegenheit sollte - zumindest auf der personalen Ebene - durch Entwicklung eigener Stärke und/oder durch Inanspruchnahme von Hilfe abgebaut werden.

Die Möglichkeiten für Dritte, in Konflikte gewaltfrei hilfreich einzugreifen, konzentrieren sich im Wesentlichen darauf, Schwächere zu schützen und zu stärken, einen herrschaftsfreien Dialog zu ermöglichen und die Mächtigen zur Machtabgabe bzw. zum verantwortlichen Umgang mit ihrer Macht zu animieren.

5. Übersicht

Handlungsmöglichkeiten für Person/Partei A
in verschiedenen Machtkonstellationen:

personal / strukturell	A \ B	A — B	A / B
A \ B	- Durchsetzung, Autokratie - Paternalismus, Gönnertum - Großzügigkeit - Verzicht auf Macht bzw. Einsatz zur Aufwertung von B	- Machtbewußtes Verhandeln, "Über-den-Tisch-Ziehen" - Dialog, konsensorientiertes Verhandeln	- Drohung mit struktureller Macht, Sanktionen - Ausweichen + Durchsetzung - Druck zum Dialog - Dialogbereitschaft - Dialogbereitschaft über strukturelle Veränderungen
A — B	- Überheblichkeit, Dünkel, Vorurteile - Toleranz, Bearbeitung der Probleme	- Eskalation - Konstruktive Konfliktklärung	- Aggressionsstau und -Entladung - Aggression gegen Schwächere - In-sich-Hineinfressen - Indirekte Angriffe, Mobbing - Selbststärkung - Hilfe holen
A / B	- Gewaltsamer Befreiungskampf - Rassismus, Hetze - Moralischer Kampf gegen Feindbild - Selbststärkung, Zusammenschluß - Vorschläge zur konstruktiven Problemlösung - Gewaltfreier Widerstand	- Grabenkämpfe, Heckenschützen - Trennung - Frostiges Verhalten, innere Emigration - Konstruktive Verhandlungsschritte - Strukturveränderung durch Mitarbeit - Gewaltfreier Druck, evtl. Ablösung von B	- Aggressionsableitung auf Schwächere - Verdeckte Racheaktionen - Fügung in das "Schicksal", psychosomatische Krankheiten - Erweiterung der persönlichen Fähigkeiten - Bitte um Hilfe

II. Weitere Aspekte der gewaltfreien, konstruktiven Konfliktbearbeitung

1. Weitere mögliche Variablen

Außer der personalen und der strukturellen Machtausstattung der Streitparteien könnten noch weitere Faktoren des Konfliktgeschehens in verschiedenen Variationen betrachtet werden.

*** Subjektive (Fehl-)Einschätzungen**

Häufig unter- oder überschätzen die Konfliktparteien die eigenen Fähigkeiten und Möglichkeiten oder die der anderen Seite. Sie handeln deshalb in gewissem Sinne irrational, unter Verkennung der realen Gegebenheiten: So läßt sich eine Konfliktpartei z.B. auf eine direkte Konfrontation ein, weil sie sich für geschickt und mächtig hält, fällt dabei aber auf die Nase, weil sie in Wirklichkeit der Gegenseite in jeder Hinsicht unterlegen ist. Oder sie überschätzt die Möglichkeiten des Gegenübers und gibt verfrüht auf bzw. geht dem Konflikt - zum eigenen Nachteil - aus dem Weg.
Im Verlaufe von Konflikteskalationen nehmen Wahrnehmungsverzerrungen in der Regel zu und damit auch die Gefahr von Fehleinschätzungen.

*** Situative Faktoren**

Aufgrund verschiedener Einflüsse und Befindlichkeiten können die Streitenden zum Zeitpunkt der Auseinandersetzung ihre Durchsetzungsmittel nicht oder nicht optimal nutzen bzw. haben einen guten Tag und ihnen gelingt, was sie sonst nicht schaffen. Zum Beispiel könnten sie aufgrund von Krankheit oder anderweitiger Probleme nicht auf der Höhe ihrer Leistungsfähigkeit sein.

Auch könnte ihnen die eine KontrahentIn eher "liegen" als die andere, so daß sie trotz eines grundsätzlichen Machtgleichgewichts einen Vorteil daraus ziehen können - und umgekehrt. Wer zum Beispiel die "Sprache" (verbal - nonverbal, Fremdsprache - Dialekt - Slang) der anderen Person kennt und selbst beherrscht, kommt weiter als jemand, der damit Schwierigkeiten hat.

*** Bewegungsrichtungen**

Personale und strukturelle Macht sind keine feste Größen, sondern können der Veränderung unterliegen. Sind sich die Konfliktparteien der Zunahme oder Abnahme ihrer Macht oder der Macht ihrer KontrahentIn bewußt oder erwarten sie diese, falls sie nichts dagegen unternehmen, kann dies Auswirkungen auf ihr Konfliktverhalten haben. Ein Lehrer, der einen stetigen Verfall seiner Autorität bei seiner Schulklasse feststellt, wird sich überlegen, ob er nicht bei der nächsten Gelegenheit die "Notbremse zieht" und ein Exempel statuiert. Ist dagegen seine Machtposition gesichert, wird er gelassener mit dieser Situation umgehen.

Sicherlich lassen sich noch weitere Faktoren (externer Konfliktgewinn, Machtzuwachs durch Konfliktbereitschaft u.a.) finden. Die Auswirkungen all dieser Variablen auf die Konfliktverläufe zu ergründen, ist sicherlich ebenfalls ein spannendes und erhellendes Unterfangen. Darauf wird hier jedoch verzichtet.

2. Konflikte zwischen mehreren Personen

In unserem Modell haben wir bisher der Einfachheit halber immer von "Person A" und "Person B" gesprochen. Des öfteren wurden jedoch Handlungsstrategien und Beispiele angeführt, die sich auf mehr als nur zwei Konfliktbeteiligte bezogen haben. Stillschweigend wurde unterstellt, daß unser Konfliktmodell auch auf solche Konflikte mit mehreren Personen paßt. Dies soll an dieser Stelle noch einmal genauer untersucht werden.

Es gibt zwei Möglichkeiten, wenn wir von Konflikten mit mehreren Personen reden: Entweder gibt es noch weitere Personen als zusätzliche Konfliktparteien C, D, E usw. Es handelt sich also um einen "Mehr-Parteien-Konflikt". Oder eine Konfliktpartei - oder beide / mehrere / alle Konfliktparteien - ist nicht eine Einzelperson, sondern eine Gruppe (zwei bis unendlich viele Personen). Es handelt sich also um einen "Gruppen-Konflikt". Beide Kategorien können auch vermischt auftreten, d.h. daß mehr als zwei Konfliktparteien existieren und davon mindestens eine aus einer Gruppe besteht.

2.1. Mehr-Parteien-Konflikte

Was bedeutet es für die Konfliktdynamik, wenn neben Person A und Person B noch eine weitere Person C bzw. noch mehr Personen einen Konflikt miteinander haben?

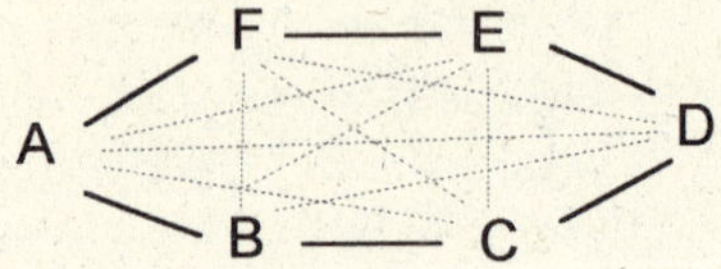

Beispiel:

** Die BewohnerInnen eines Mietshauses streiten sich um die Nutzung des Gartens: Wer darf ihn überhaupt nutzen und an welcher Stelle? Soll er bepflanzt werden oder als Grünfläche zum Sitzen, Liegen, Spielen usw. dienen? Wo darf gegrillt werden? Dürfen abends Gartenfeste abgehalten werden und, wenn ja, wie lange? Es gibt unterschiedliche Meinungen dazu. Und manche meinen, daß die Hausverwaltung in die Diskussion eingeschaltet werden sollte.*

Innerhalb dieses multipolaren Konflikts kann die Auseinandersetzung zwischen zwei der Konfliktbeteiligten eskalieren. Das wird am ehesten bei denjenigen geschehen, welche die am wenigsten miteinander vereinbar erscheinenden Auffassungen vertreten. Es kann aber auch am Charakter der Beteiligten liegen, zwischen welchen der Konflikt eskaliert. Die Auseinandersetzung verläuft dann nach dem Muster des Zwei-Personen-Konflikts, wobei die restlichen Konfliktbeteiligten die eine oder die andere Seite unterstützen können und somit ihr Machtniveau anheben können. Die Solidarisierung war auch in den bisherigen Beispielen als eine Möglichkeit angesprochen worden, die eigene Durchsetzungskraft zu verstärken.

Gibt es drei polare Auffassungen, die sich nicht in einen bipolaren Konflikt auflösen lassen, müssen sich die einzelnen KontrahentInnen gegen zwei andere durchsetzen. Dies gelingt am ehesten bei einem erheblichen Machtübergewicht oder bei einer konsensualen Lösung. Je mehr Konfliktbeteiligte mit eigenen Zielen vorhanden sind, desto schwieriger ist es für eine einzelne Partei, sich durchzusetzen. Wenn keine konstruktive, einvernehmliche Lösung gefunden wird, kann es leicht zu einer Lähmung und zum Zerfall der Gruppe kommen. Vielleicht auch aus diesem Grund neigen die

Konfliktbeteiligten meist dazu, Koalitionen zu bilden, um stärker als die Gegenseite zu sein. Die Tendenz zu bipolaren Auseinandersetzungen ist also sehr stark. Nur wenn unüberbrückbare Gegensätze da sind, halten sich mehrpolare Konstellationen.

Beispiel:

* *Im Deutschen Bundestag und in den Landtagen bilden die Parteien Koalitionen, um die Mehrheit der Abgeordneten-Stimmen auf sich zu vereinigen. Es stehen sich dann die Regierungskoalition und die Oppositionsparteien als Blöcke gegenüber. Nur gegenüber der PDS und den Republikanern bzw. der DVU gibt es grundsätzliche Bündnisvorbehalte, so daß auch Minderheitskoalitionen die Regierung stellen können.*

In multipolaren bzw. Mehr-Personen-Konflikten gibt es die Besonderheit, daß weniger mächtige oder weniger polarisierende Konfliktbeteiligte leicht übergangen werden können, da die Hauptauseinandersetzung zwischen den polaren bzw. mächtigen Kräften im Vordergrund steht. Das bedeutet konkret, daß extreme, aber ohn-mächtige Positionen "hinten runterfallen", was zur Anstauung von Aggression führen kann, und daß gemäßigte ohn-mächtige Positionen ihr Ziel oft erreichen, weil der zwischen den Hauptakteuren ausgehandelte Kompromiß ihren eigenen Vorstellungen sehr nahekommt.

Eine andere Besonderheit ist, daß kleine, relativ schwache Konfliktparteien als Mehrheitsbeschaffer oder Koalitionspartner relativ viel von ihren Interessen durchsetzen können, sofern diese dem "mächtigen großen Bruder" nicht gänzlich zuwiderlaufen.

Beispiel:

* *Die Garten-Diskussion der HausbewohnerInnen endet mit einem Kompromiß, der die relativ "schwache" Bewohnerin C begünstigt: Kein Aufenthaltsplatz, Grillen oder Fest vor den Fenstern ihrer Wohnung - ansonsten darf der Garten dafür genutzt werden. Frau C hätte sonst die Hausverwaltung eingeschaltet, was die anderen BewohnerInnen vermeiden wollten, da dann ihr Spielraum für freizügige Lösungen noch weiter eingeschränkt worden wäre. Herr A, der nun den Hauptteil der Gartenaktivitäten vor seinem Fenster erdulden muß, hat Familie B vom ersten Stock widerstrebend nachgegeben, die das größte Interesse an der aktiven Gartennutzung hatte. Das Verhältnis zwischen Herrn A und Familie B ist in der Folgezeit belastet; dies kann leicht zu weiteren Reibereien führen.*

Mehr-Parteien-Konflikte sind einerseits anfällig für formaldemokratische Mehrheitsabstimmungen, die den Konflikt nicht lösen, sondern nur regeln; sie bieten aber auch eine gute Voraussetzung für konsensuale Gruppenentscheidungen, weil die Machtverhältnisse immer wieder neu ausbalanciert werden können. In allen nicht allzu formalisierten Gruppen werden ständig solche Konsens-Entscheidungen getroffen - meist ohne daß sie sich dieser Tatsache bewußt sind. Dabei setzten sich allerdings häufig die Redegewandten stärker durch als die anderen.

In konsensualer Entscheidungsfindung geübten oder moderierten Gruppen tritt die Bedeutung der individuellen Machtausstattung ein Stück weit zurück zugunsten des gemeinsamen Problemlösungsprozesses. Je größer die Gruppe, desto mehr wird eine Gesprächsleitung durch außenstehende Dritte förderlich oder notwendig sein.

Beispiel:

* *Die BewohnerInnen des Mietshauses haben sich trotz des Kompromisses (oder seinetwegen ...) total verkracht. Frau C hat sich nun doch an die Hausverwaltung gewandt. Die zuständige Hausverwalterin D, die Erfahrung in Mediation und konstruktiver Konfliktlösung hat, versucht nun nicht, eine eigene Lösung durchzusetzen. Denn ihr ist es im Grunde egal, wie der Garten genutzt wird: Hauptsache ist, daß keine Kosten entstehen und der Hausfrieden wieder hergestellt wird. Sie lädt vielmehr zu einem gemeinsamen Gespräch ein, das sie als Mediatorin/Moderatorin zu einem Konsens führen möchte. Nachdem alle BewohnerInnen ihren Ärger losgeworden sind, manches Mißverständnis geklärt wurde und die verschiedenen Bedürfnisse gesammelt wurden, werden mögliche Regelungen gesucht und geprüft, inwieweit ihnen alle Beteiligten zustimmen können. Mit viel Phantasie, aber auch freiwilligem Entgegenkommen wird eine Lösung gefunden, die für alle HausbewohnerInnen tragbar ist: Z.B.: Der Platz zum Grillen und für abendliche Feste wird an die Ecke des Gartens verlegt, der bisher als Gemüse- und Blumenbeet gedient hat und schräg neben dem Haus liegt. Ein Sichtschutz zur Wohnung von Frau C wird aus Sträuchern und Bäumen gepflanzt. Frau C hat nichts dagegen, daß das Gemüse- und Blumenbeet vor ihre Fenster gelegt wird. Herr A ist einverstanden, daß der Teil des Gartens vor seiner Wohnung zum Kaffeetrinken, Liegen und Spielen der Kinder von Familie B genutzt wird. Da er tagsüber im Büro ist und sein Hauptanliegen war, als Vegetarier nicht ständig mit Grillfleischduft und nächtlichem Lärm belästigt zu werden, ist er nun völlig zufrieden. Der nachbarschaftliche Kontakt am Wochenende mit Familie B und ihren Kindern, die sich auf dem Rasen vor*

seinen Fenstern tummeln, ist ihm eine willkommene Abwechseln in seinem Single-Dasein.

2.2. Gruppen-Konflikte

Was bedeutet es für die Konfliktdynamik, wenn die Konfliktparteien nicht nur aus einzelnen Personen bestehen, sondern auch aus mehreren, aus Gruppen?

Im Prinzip funktioniert das Konfliktmodell in gleicher Weise. Da die Gruppe ein gemeinsames Interesse vertritt, kann sie als Einheit aufgefaßt werden und in der Konfliktdynamik einer Einzelperson gleichgestellt werden.

Was sich verändert, ist das "Innenleben" der Konfliktpartei. Durch den Gruppenzusammenhalt und die verschiedenen Fähigkeiten der Gruppentglieder erhöht sich personale Macht der Konfliktpartei, in manchen Fällen auch die strukturelle Macht (z.B. als Mehrheits-Fraktion). Auf jeden Fall hat eine Gruppe größere Möglichkeiten, durch gewaltfreien Widerstand strukturelle Ungleichgewichte auszugleichen, als eine einzelne Person.

Andererseits bedarf es großer Anstrengungen, aus verschiedenen Menschen eine homogene Gruppe zu formen. Die Unterschiede unter einen Hut zu bekommen, ist nicht einfach und manchmal unmöglich. Der Gruppenprozeß kann zu lähmenden internen Spannungen führen und einen Ansatzpunkt für Spaltungsversuche der Gegenseite bieten.

Die psychologischen Reaktionen auf das Verhalten der KontrahentInnen mögen innerhalb der Gruppe verschieden sein, aber als Konfliktpartei muß sie, um handlungsfähig zu bleiben, eine gemeinsame Linie finden. Gelingt dies nicht, kann die Gruppe durch den Ausstieg von Mitgliedern schrumpfen oder auseinanderbrechen. Sie hat aber auch die Möglichkeit, neue SympathisantInnen hinzuzugewinnen. Eine Gruppe als Konfliktpartei kann also einem stetigen Wandel unterworfen sein, was sich auch auf ihre strukturelle und personale Macht auswirkt. Insofern können Eskalationsprozesse mit dem Wandel der Gruppe(n) neue Richtungen einschlagen, sobald sich grundlegend neue Machtverhältnisse ergeben.

3. Ein geschlechtsspezifischer Aspekt der Konfliktbearbeitung

Die Beleuchtung geschlechtsspezifischer Aspekte in der Konfliktbearbeitung ist ein weites Feld, das sicherlich noch viele offene Fragen enthält. An dieser Stelle soll nur ein einziger Aspekt behandelt werden, der bei gemischtgeschlechtlichen Konflikten immer wieder zu Schwierigkeiten im gegenseitigen Verständnis und bei der Einigung auf ein gemeinsames Vorgehen bei der Konfliktbearbeitung führt. Die (männlichen) Teilnehmer einer Mediations-Ausbildung haben ihn folgendermaßen auf den Punkt gebracht:

> *Männer fühlen sich wohl, wenn der Konflikt gelöst ist.*
> *Für Frauen ist der Konflikt gelöst, wenn sie sich wohlfühlen.*

Diese These ist sicherlich überzogen und pauschal, vereinfachend und flapsig formuliert. Auch ist es problematisch, von "den Männern" und "den Frauen" zu sprechen. Vielmehr geht es um Eigenschaften, die sich gegenwärtig - aus welchen Gründen auch immer - häufig eher bei Männern bzw. bei Frauen finden lassen.

Trotzdem bringt diese These einen wichtigen Unterschied in der geschlechtsspezifischen Wahrnehmung und Bearbeitung von Konflikten auf den Punkt. An diesem Unterschied entzünden sich wahrscheinlich auch immer wieder neue Konflikte zwischen Männern und Frauen:

Während es für "Männer" wichtig ist, zuerst dem Konflikt auf den Grund zu gehen und Lösungen dafür zu finden - danach fühlen sie sich wohl und können auch Nähe und Zärtlichkeit wieder zulassen, ist es für "Frauen" wichtig, zuerst emotionale Wärme und Unterstützung aufzubauen und zu erhalten, um dann an die Konflikte heranzugehen, die ihre Bedeutung inzwischen jedoch verloren haben. Oder kurz gesagt stehen sich das Prinzip **"Zuerst gute Konfliktlösung, dann gute Beziehung"** und das Prinzip **"Zuerst gute Beziehung, dann gute Konfliktlösung"** gegenüber. Die Frage, was kommt zuerst, ist tatsächlich ein wichtiger Diskussionspunkt in der Praxis der Konfliktbearbeitung. Kann beim Austragen eines Nachbarschaftskonflikts das Ausdrücken von Gefühlen und das Herstellen einer persönlichen Beziehung ein weiterführender erster Schritt sein, wird dies in einem Konflikt zwischen Geschäftsleuten möglicherweise in die Sackgasse und zu Verweigerung führen. Da ist womöglich erst die Sachebene gefragt, bevor Gefühle gezeigt werden können und Beziehungen sich klären.

Stimmt die These von den geschlechtsspezifischen Präferenzen in dieser Frage, könnte sie ein wichtiger Anhaltspunkt dafür sein, wie beim Einstieg in die Konfliktbearbeitung am sinnvollsten vorzugehen ist: Sind die KontrahentInnen Frauen bzw. eher "weibliche" Typen sollte der Gefühls- und Beziehungsebene Vorrang eingeräumt werden. Handelt es sich um Männer bzw. eher "männliche" Typen verspricht das primär sach- und lösungsorientierte Vorgehen Erfolg.

Schwierig wird es bei "gemischten" Konflikten: Möglicherweise spricht jede Seite zuerst ihr wichtigstes Anliegen (Klärung der Beziehungsebene oder der Sachebene) an - und fühlt sich dann von der anderen Person, die am anderen Punkt ansetzt, unverstanden. Das Bewußtmachen und Akzeptieren der unterschiedlichen Prioritäten könnte in dieser Situation weiterhelfen.

Gelingt dies nicht, können ein oder besser zwei "KonflikthelferInnen" (MediatorInnen) unterstützend eingreifen, indem sie für beide Konfliktparteien Empathie und Verständnis aufbringen und den direkten Kommunikationsprozeß wirkungsvoll unterstützen.

4. Menschliche Sicht des "Gegners"

Konstruktive Konfliktbearbeitung lebt von der menschlichen Sicht und Behandlung des "Gegners". Trotz aller scheußlichen Untaten, die er begangen haben mag, wird ihm ein humaner Kern und die Fähigkeit zur Entfaltung seiner positiven Möglichkeiten zugetraut. Diese innere Haltung ist wesentlicher Bestandteil gewaltfreier Konfliktaustragung. Fehlt sie und werden die Methoden rein taktisch angewendet, spürt die andere Person das sehr wahrscheinlich und reagiert eher negativ - auf die "Verlogenheit" - als positiv - auf die Gesprächsangebote.

Unbezweifelbar ist es schwierig, einem haßerfüllten, gewalttätigen Menschen irgendwelche Sympathien oder Achtung entgegenzubringen. Doch kann uns das Verständnis dafür, wie es zu diesem Haß und zu dieser Gewaltbereitschaft gekommen ist, dem anderen ein Stück weit "näherbringen". Darüber hinaus können wir unserem eigenen Haß auf diese Person nachgehen. Wir werden dann möglicherweise feststellen, daß dieses Gefühl mit unserer Ohnmacht zu tun hat, diese Person zu bremsen und zu beeinflussen. Wüßten wir, wie das geht, bräuchten wir uns nur daranzumachen, dieses Wissen umzusetzen. Da wir aber rat- und hilflos sind, staut sich Haß in uns auf. Mit einer guten Konfliktstrategie legen sich diese Gefühle, weil sie überflüssig sind.

5. "Wertequadrat" und Konfliktbearbeitung

Eine weitere gute Hilfe, im Gegner den Mensch zu sehen, ist das "Wertequadrat". In den 60er-Jahren von Peter Helwig entwickelt, hat es Friedemann Schulz von Thun in seinem Buch "Miteinander Reden, Bd. 2" (Reinbek 1989, S. 38ff) aufgegriffen und weiterentwickelt. Grundannahme dieses Modells ist es, daß es nicht nur eine "Tugend" gibt als Mittelweg zwischen zwei Extremen, sondern daß jede Tugend, jeder Wert eine Schwestertugend, einen komplementären Wert hat. So kann etwa Sparsamkeit als ein Wert aufgefaßt werden, dem als ergänzender Wert die Großzügigkeit gegenübersteht.

Diese beiden Werte müssen in einer ausgewogenen Spannung gehalten werden, denn sonst besteht die Gefahr, daß ein Wert maßlos übertrieben wird und so zu einem Unwert verkommt. So kann aus Sparsamkeit Geiz und aus Großzügigkeit Verschwendung werden. Andersherum können wir von den "Untugenden" sagen, daß sie lediglich die entwertende Übertreibung einer Tugend sind, also "des Guten zuviel". Die Geizigen sparen zuviel, die Verschwender sind zu großzügig.

Um aus der entwertenden Übertreibung herauszukommen, hat es wenig Sinn zu appellieren, davon etwas weniger zu tun. Vielmehr ist die "Entwicklungsrichtung" nach Schulz von Thun der nicht verwirklichte Gegenwert: Der Geizigen sollte etwas Großzügigkeit lernen und an den Tag legen, die Verschwender etwas Sparsamkeit.

Die Fähigkeit, von den beiden sich ergänzenden Werten jeweils den einen oder den anderen sinnvoll zur Geltung zu bringen, macht den reifen Menschen aus.

Das Werte- und Entwicklungsquadrat

nach P. Helwig und F. Schulz von Thun

Prämissen:

- Zu jedem Wert (Tugend) gibt es einen positiven Gegenwert (Schwestertugend).
- Ein Wert (Tugend) hat nur dann eine konstruktive Wirkung, wenn er sich in einer ausgehaltenen Spannung (Balance) zum positiven Gegenwert befindet. Sonst verkommt er zu einer entwertenden Übertreibung ("Des Guten zuviel").

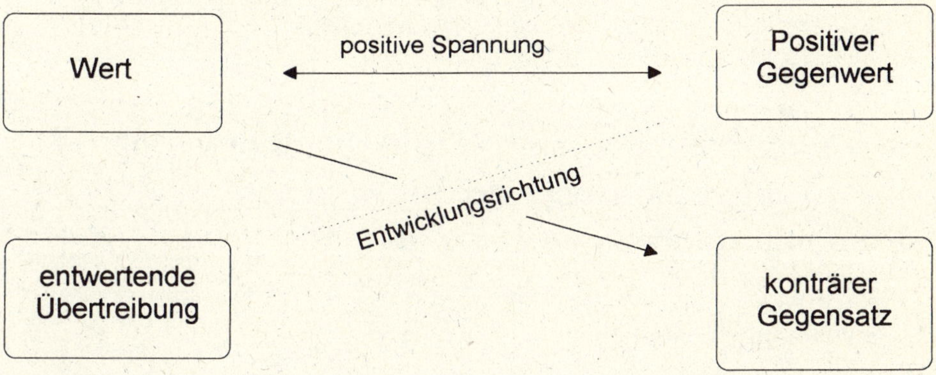

Beispiel:

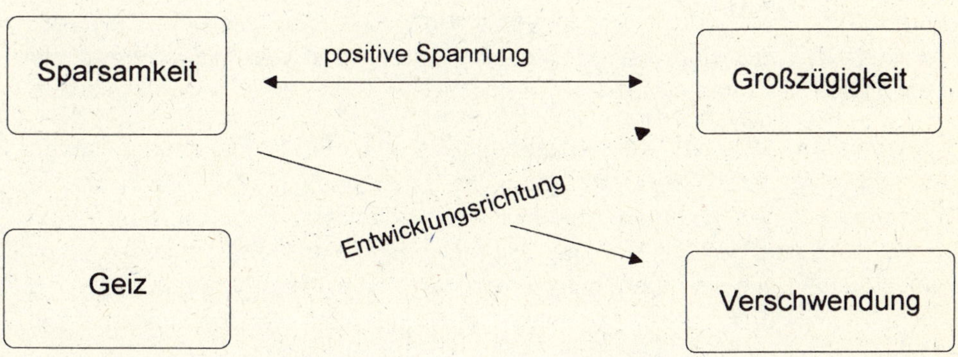

Quelle: Friedemann Schulz von Thun, Miteinander Reden 2, Reinbek 1989, S. 38ff.

In Konflikten neigen wir dazu, die andere Person im entwertend übertreibenden Bereich wahrzunehmen und ihr deshalb charakterliche Schwächen vorzuhalten. Dasselbe gilt dann auch umgekehrt. Verändern wir unsere Sichtweise und sehen in den Schwächen den guten Kern (der nur übertrieben wurde), können wir mit dem/der anderen viel einfacher in ein konstruktives Gespräch kommen. Erkennen wir darüber hinaus, daß uns oft das am anderen stört, was uns selbst fehlt, haben wir einen weiteren Weg gefunden, negative Gefühle in uns abzubauen. Denn wir können die Angriffe der Gegenseite auf uns richtig einordnen und unsere eigenen Defizite besser erkennen, eingestehen und verändern.

Die "positive Sichtweise" menschlicher Schwächen kann ein große Hilfe sein, der anderen Person wohlwollend gegenüberzutreten und den Streit als Chance zum "Wachstum" für beide Seiten zu begreifen.

6. Anwendungsbeispiele: Konfliktdiagnose und konstruktive Bearbeitung mit Hilfe des Konfliktmodells

6.1. Gewalttätige Jugendliche

Seit einigen Jahren erscheinen öfters Berichte von Jugendlichen in den Medien, die in brutaler Weise über Personen und Sachen herfallen: Seien es gewaltsame Attacken von Skinheads auf AusländerInnen oder Linke, Brandanschläge und Überfälle auf Flüchtlinge und deren Wohnheime oder Randale und Zertrümmern von Autos in verschiedenen Großstädten. Die Gewaltbereitschaft von vielen Jugendlichen hat - zumindest was die Intensität der Gewalt betrifft - zugenommen.

Konservative Rezepte wie Strafverfolgung und Strafverschärfung greifen ebensowenig wie Beschwichtigung und Herunterspielen. Denn beide Strategien gehen nicht an die Wurzeln der Gewalt und lösen nicht die zugrundeliegenden Konflikte. Das Aggressionspotential wird entweder unterdrückt und damit vermehrt bzw. umgelenkt, oder die Aggression, die ein Signal sein sollte, bleibt folgenlos, erscheint nicht ernstgenommen, und weitere Aggression staut sich an.

Wenn wir mit Hilfe des Konflikt-Modells erkannt haben, daß Aggression eine natürliche Reaktion auf Minder-Positionen ist und Gewalt ein Versuch, die eigene Ohnmacht zu überwinden bzw. auszugleichen, können wir einen anderen Weg der Konfliktaustragung ins Auge fassen:

Erster Schritt, sofern noch möglich, ist auf jeden Fall, die direkte Gewaltausübung zu unterbinden und zwar möglichst durch schützende, nichtverletzende Maßnahmen - z.B. Ablenken des Täters, Dazwischentreten oder körperliches Abschirmen des Opfers.

Zweiter Schritt ist die Kommunikation mit den Gewalttätern. Während ihre Taten abgelehnt und verurteilt werden können, sollten sie als Personen dennoch geachtet und menschlich behandelt werden. Die Auseinandersetzung sollte nicht von oben herab repressiv, anklagend oder belehrend sein, sondern offen und auf gleicher Stufe. Ziel sollte es sein herauszufinden, in welchen Minder-Positionen sich die Jugendlichen befinden und wie sie aus diesen mit anderen, gewaltlosen Mitteln herauskommen können. Diese Form der Kommunikation ist an sich schon der erste Schritt dazu, denn die Jugendlichen finden endlich Gehör, was davor offenbar nicht der Fall war. Die menschliche Art, mit ihnen umzugehen, kann auch das menschliche Empfinden anderen gegenüber entwickeln und fördern.

Dritter Schritt ist die Anerkennung der Tatsache, daß zu einer Gewalteskalation meist beide Seiten beitragen. Eine Klärung der Situation zusammen mit den Betroffenen könnte zu einem wichtigen Lernprozeß für alle Beteiligten werden und die Bereitschaft zur Versöhnung säen. Damit ein solches Gespräch wirklich funktioniert und fruchtbar wird, sollte die Hilfe von MediatorInnen in Anspruch genommen werden.

War die Gewalttat tatsächlich nur ein einseitiger Akt, muß dem Ursprung der Aggression nachgegangen und eine Möglichkeit geschaffen werden, daß die Gewalttäter sich bei ihren Opfern entschuldigen und einen Beitrag zur Wiedergutmachung und Versöhnung leisten (Täter-Opfer-Ausgleich).

Vierter und fünfter Schritt beziehen sich auf die Lösung der Konflikte. Zunächst muß im vierten Schritt geklärt und evtl. trainiert werden, wie mit künftigen Konfliktsituationen umgegangen werden könnte, ohne daß es zu einer neuerlichen Gewalteskalation kommt. Und schließlich geht es im fünften Schritt an die Lösung der eigentlichen Probleme und Konfliktursachen. Bei Jugendlichen hat das oft mit fehlenden Räumen und Freizeitmöglichkeiten, Arbeitslosigkeit oder mangelnden Zukunftsperspektiven zu tun. Die tägliche Einschränkung von Lebensmöglichkeiten und die Aussicht, lebenslang zu den Verlierern der Gesellschaft zu gehören, ist ein guter Nährboden für Rassismus und Gewalt. Diesen Nährboden trocken zu legen und konstruktive

Alternativen zu finden, ist kein leichtes Unterfangen und dauert seine Zeit. Ohne diese Ursachenbekämpfung ist jedoch der Versuch, das Gewaltproblem in den Griff zu bekommen, längerfristig wohl zum Scheitern verurteilt.

Sollte eine Veränderung der Gewalt erzeugenden Zustände nicht (unmittelbar) möglich sein, könnte als sechster Schritt die Nutzung der Aggression für gewaltfreien Widerstand und politische Veränderung folgen. Denn in Anlehnung an den Spruch von Robert Jungk "Widerstand macht gesund" könnte man die These aufstellen: "Gewaltfreier Widerstand transformiert krankmachende, gewalttätige Aggressionsenergie in gesundmachende Widerstandsenergie."

6.2. Rechtsradikale im Parlament

Im Frühjahr 1998 gab es bei den Landtagswahlen in Sachsen-Anhalt einen schockierenden Durchbruch der rechtsradikalen Deutschen Volksunion (DVU): Auf Anhieb war es dieser Partei gelungen, mehr als 12 Prozent der WählerInnen-Stimmen auf sich zu vereinigen. Während die CDU als bisher stärkste Partei einen desaströsen Einbruch in der WählerInnen-Gunst erlitt, Bündnis 90/GRÜNE durch Stimmenverluste unter die 5-Prozent-Marke fielen, die SPD und die PDS sich stabilisierten und die FDP knapp den Einzug in den Landtag verfehlte, war die DVU die eigentliche Wahlgewinnerin. Die etablierten Parteien waren entsetzt und schoben sich gegenseitig die Schuld am Erfolg der rechtsradikalen Partei zu. Gemeinsam war den anderen Parteien, daß sie weder mit der DVU zusammenarbeiten oder gar koalieren noch sich von ihnen als Minderheitsregierung tolerieren lassen wollten. (Außer einer großen Koalition zwischen SPD und CDU oder der Regierungsbeteiligung der PDS gab es jedoch keine Möglichkeit, eine Regierung zu bilden, die sich auf eine Parlamentsmehrheit stützen konnte. Beide Lösungen wurden jedoch von der SPD als stärkster Partei nicht gewollt. Letztendlich zog die SPD eine Minderheitsregierung mit Tolerierung durch die PDS vor.) Die regierungsbildende SPD verkündete, daß der Kampf gegen die DVU eines ihrer wichtigsten Ziele sei. Die anderen Parteien äußerten sich in ähnlicher Weise.

Die DVU scheint selbst von ihrem Wahlerfolg überrascht gewesen zu sein: Sie hatte Mühe, genügend KandidatInnen bzw. Personen für die ihr zustehenden Abgeordnetensitze zusammenzubekommen. In Presse, Funk und Fernsehen wurde die mangelnde Kompetenz dieser Leute angeprangert, und sie wurden zum Teil als ahnungslose Einfaltspinsel lächerlich gemacht.

WählerInnen der DVU, die von Journalisten über ihre Motive befragt wurden, äußerten meist, daß es ihnen um einen Denkzettel für die etablierten Parteien gegangen und um Protest gegen die zunehmende Verschlechterung ihrer wirtschaftlichen und sozialen Lage. Das politische Programm der DVU kannten sie nicht. Es war halt die Partei, die die markigsten Protestparolen auf ihren Plakaten hatte und der größte Schreck der etablierten Parteien war.

6.2.1. Herkömmliche Konfliktbearbeitung seitens der etablierten Parteien

Mit einer Mischung aus Beschuldigung der anderen Parteien, Eingeständnis eigener Versäumnisse und moralisch-politischen Appellen zur gemeinsamen Bekämpfung der Rechtsradikalen versuchen sie, wieder Vertrauen zu gewinnen und sich als (einzig) handlungsfähige, kompetente und moralisch-politisch verantwortbare Kraft darzustellen. Sie erwecken den Anschein, als sei es der gemeinsame WählerInnen-Auftrag, diesen "Betriebsunfall" so schnell als möglich wieder zu beheben, die DVU politisch mundtot zu machen und sie möglichst bald wieder aus dem Parlament herauszukippen.

Aus früheren Erfahrungen mit Randparteien wie der NPD, den Republikanern oder den Anfängen der GRÜNEN wissen wir, was dann kommt:

Die DVU wird in den schwärzesten - oder bräunsten - Farben gezeichnet, alle überzogenen und extremen Aussagen und Ziele der DVU in den Mittelpunkt gerückt und der Vergleich zum Aufstieg von Hitlers NSDAP gezogen, wogegen man sich - dieses Mal - energisch wehren müßte. Im politischen Alltag wird die DVU - so weit wie möglich von entscheidenden Positionen ausgeschlossen, in der öffentlichen Diskussion werden sie ignoriert, gelegentlich auch angeprangert, und wenn sich das Anhören ihrer Meinung nicht vermeiden läßt - z.B. im Parlament -, verschließt man die Ohren und ignoriert sie, belächelt oder verhöhnt sie oder zeigt durch aggressive Zwischenrufe die Ablehnung und Verachtung dieser Partei. Letztendlich sind die Rechtsradikalen im Parlament keine Gefahr für die etablierten Parteien, solange sie in der Minderheit sind und überstimmt werden können. Ihr gemeinsames Interesse ist es, bis zur und bei der nächsten Wahl der DVU das Image als nicht ernstzunehmende, inkompetente und unwählbare Partei verpaßt zu haben, so daß die abtrünnigen WählerInnen-Stimmen wieder zurückfinden zu den etablierten Parteien. Es ist anzunehmen, daß diese Strategie auch aufgeht, sofern die allgemeine wirtschaftlich-soziale Lage sich nicht noch weiter verschärft.

In den Kategorien unseres Konfliktmodells ausgedrückt, besitzen die etablierten Parteien sowohl die größere strukturelle als auch personale Macht. Der Wahlerfolg der DVU bedeutet jedoch gleichzeitig auch einen teilweisen Einbruch der strukturellen Macht der großen Volksparteien. Da sie nicht nur die rechtsradikale Partei im Parlament sehen, sondern auch die Gewalttaten von Rechtsradikalen außerhalb des Parlaments und die gegenseitigen Verbindungen und Wechselwirkungen, fühlen sie sich indirekt auch von deren personaler Übermacht in Form von physischer Gewalt bedroht oder zumindest herausgefordert. Ihre Strategie ist es, die eigene strukturelle Vorherrschaft zu sichern und die Angriffe der Rechtsradikalen möglichst effektiv abzuwehren und zu unterdrücken: Die Positionen der DVU und der Rechtsradikalen dürfen sich nicht durchsetzen - sofern sie nicht den eigenen Positionen entsprechen.

Auf der anderen Seite haben die DVU und ihre WählerInnen durch den Wahlerfolg ihre strukturelle und personale Unterlegenheit ein Stück weit verlassen und daraus neues Selbstbewußtsein geschöpft. Wenn die anfängliche Denkzettel-Wirkung verblaßt ist und sich zeigt, daß sich nicht viel ändert bzw. daß die DVU ihre Politik als Minderheitspartei im Parlament nicht durchsetzen kann, wird sie vermutlich weitere Anstrengungen unternehmen, um aus der Minder-Position herauszukommen. Die Aggression kann sich gegen die politischen Gegner richten oder gegen schwächere Dritte als Sündenböcke.

Die Art der Konfliktaustragung, die auf beiden Seiten durch Überlegenheitsstreben gekennzeichnet ist, läßt erwarten, daß das Aggressionspotential weiter anwächst und sich in verschiedenartiger destruktiver Weise Bahn bricht. Äußerliche Ruhe tritt zeitweise nur dadurch ein, daß durch die Übermacht einer Konflikpartei die Konflikte einseitig entschieden werden oder die Aggressionen an anderer Stelle abgeleitet werden, die auf den ersten Blick in keinem direkten Zusammenhang mit dem DVU-Konflikt stehen.

6.2.2. Überlegungen für eine andere, konstruktivere Konfliktaustragung

Das Thema Rechtsradikalismus ist - zumal in Deutschland - ein heißes Eisen. Wer nicht nur Empörung und entschlossenen Kampfeswillen gegen die Rechten zum Ausdruck bringt, sondern auch Einfühlung, gerät leicht in Verdacht, sie zu verharmlosen oder mit ihnen zu sympathisieren. Deshalb ist es nicht einfach, aber auch eine Herausforderung, dieses Thema zu nehmen, um nach Möglichkeiten alternativer, konstruktiver Konfliktaustragung zu suchen. Die Offenheit für solche anderen Gedanken wird möglicherweise blockiert durch die historische Erfahrung, daß dem Faschismus nicht rechtzeitig und energisch genug gewehrt wurde, und den festen Vorsatz, daß dies nie wieder geschehen darf.

Dennoch mag bezweifelt werden, daß sich diese historische Situation in gleicher Weise wiederholen kann und daß es damals wirklich geholfen hätte, wenn man nur früh und energisch genug eingegriffen hätte. Immerhin hat es diesen entschlossenen und frühen Widerstand gegen die Nazis damals auch gegeben. Daß er sich nicht verbreitern und durchsetzen konnte, hängt möglicherweise auch mit der Form der Auseinandersetzung zusammen. Geschichte läßt sich allerdings nicht im nachhinein verändern, Spekulationen, was passiert wäre, wenn ....., sind deshalb wenig beweiskräftig.

Wer es dennoch wagt, neue Wege der Auseinandersetzung mit Rechtsradikalen anzudenken, kann sich deshalb nur auf theoretische Einsichten, praktische Erfahrungen in anderen Konfliktfeldern und auf positive Erfahrungen im Umgang mit gewaltbereiten, rechtsradikalen Jugendlichen in den 90er-Jahren berufen. So unvollkommen und vorläufig die folgenden Überlegungen auch sein mögen, sie sollen zum Nachdenken und Weiterspinnen anregen.

Da ein positionelles Gleichgewicht der Ausgangspunkt für eine konstruktive Konfliktlösung ist, wäre der erste - verblüffendste und wohl umstrittendste - Schritt, die DVU-Abgeordneten als Menschen zu achten, sie in einen herrschaftsfreien Dialog einzubeziehen und ihnen die gleichen strukturellen Möglichkeiten zu geben wie allen anderen Abgeordneten. Nicht genug damit: Da sie sich personal wie strukturell - trotz ihrer Finanzierung durch den Verleger Frey - in der Minderposition befinden, müßten sie in ihrer Machtbasis sogar angehoben werden. Das könnte bedeuten, daß sie nötiges Wissen und Informationen vermittelt bekommen, damit sie kompetent mitreden können; daß ihre Unerfahrenheit in parlamentarischen Vorgängen und ihre mangelnde Rede- und Argumentations-Gewandtheit nicht gegen sie verwendet wird; daß ihre Positionen nicht einfach überstimmt werden, sondern versucht wird, sie in einer Konsensentscheidung "aufzuheben": d.h. 1. zu berücksichtigen und in die Lösung aufzunehmen, 2. auf eine höhere Ebene zu transformieren und 3. gegenstandslos zu machen, da die eigentlichen Motive und Interessen herausgearbeitet und befriedigt wurden. Dies erscheint zwar illusionär zu sein, da selbst die etablierten Parteien sich gegenseitig eher bekämpfen als den

Konsens suchen - zumindest in der Öffentlichkeit -, aber es muß deswegen nicht unbedingt falsch sein.

Personale und strukturelle Stärkung (Empowerment) bedeutet in diesem Zusammenhang nicht, daß alle Macht an eine Person oder Partei abgegeben wird, sondern daß die Machtlosen mit soviel Macht ausgestattet werden, daß sie mit den anderen auf einer gleichen Stufe stehen. Es bedeutet auch nicht, daß man nun von den Gestärkten fremdbestimmt werden kann. Denn die eigene, gleichwertige Macht reicht aus, um Übergriffe, Grenzverletzungen und einseitige Durchsetzung abzuwehren. In unserem Falle könnte die DVU also den anderen Parteien nicht ihren Willen aufzwingen oder die ganze Parlamentsarbeit lahmlegen. Aber diese hätten die Bereitschaft, sich ernsthaft mit den DVU-Abgeordneten auseinanderzusetzen und deren legitime Interessen in der Entscheidungsfindung zu berücksichtigen. Sollten die DVUler dieses Entgegenkommen mißverstehen, als Schwäche interpretieren und zum eigenen Vorteil ausnutzen wollen, würde ihnen ein Riegel vorgeschoben werden, ohne die Tür zu fairen Verhandlungen zu schließen.

Der nächste Schritt der konstruktiven Konfliktbearbeitung nach der Herstellung von Gleichrangigkeit ist die Kommunikation der verschiedenen Sichtweisen, das Offenlegen von Beweggründen, Gefühlen, Interessen und Bedürfnissen und die gemeinsame Lösungssuche. Im Falle der DVU-ParlamentarierInnen kämen wohl Fragen der Arbeitslosigkeit, der Ungleichbehandlung, der Kriminalität und Bedrohung, der Angst vor dem Fremden, der eigenen Identität usw. auf den Tisch, die - als Einzelpunkte betrachtet - durchaus auch ein Thema für die anderen Parteien sind. Über konsensfähige Lösungen läßt sich dann, in einem Klima der gegenseitigen Achtung, eher und erfolgversprechender verhandeln als in einem Klima der Ablehnung und des Hasses.

Diese völlig andere Herangehensweise brächte zunächst wohl alle polarisierten Weltbilder in Wanken. Mit dem Wegfall der Ungleichbehandlung der DVU-Abgeordneten, ihrer Diskriminierung, Mißachtung und strukturellen Unterdrückung würde auch ihrem Selbst-Bild als "Märtyrer" und als die einzig wahren VolksvertreterInnen der Boden entzogen. Anstelle von Hetze und Propaganda träte die inhaltliche Auseinandersetzung: Schon allein dadurch ließen sich viele Vereinfachungen und Vorurteile auflösen. Und schließlich würde der respektvolle Umgang mit den DVU-Abgeordneten auch den etablierten Parteien deutlich machen, daß diese nicht nur rassistisch, dumm und verblendet sind, sondern auch eine menschliche Seite haben und durchaus auch ernstzunehmende Probleme anschneiden. Oder es würde sich

klar herausstellen, daß ihre Argumente hohl sind und sie in Wirklichkeit ganz andere (z.B. finanzielle) Motive für ihre Mitarbeit in der DVU haben.
Die etablierten Parteien hätten damit mehr dem "WählerInnen-Auftrag" gedient, als mit der undifferenzierten Abwehr von allem, was von der DVU kommt.

All diese Maßnahmen wären nicht vergleichbar mit den taktischen Versuchen, die Rechtsradikalen durch "Einbindung" oder "Hoffähigmachen" den radikalen Zahn zu ziehen, was von ihnen geschickt zum weiteren Machterwerb bei gleichem Gedankengut genutzt werden könnte. Vielmehr wäre es eine ehrliche Geste der Menschlichkeit und Offenheit, die letztendlich beide Seiten verändert.

Wer solchermaßen gehört wird und mitentscheiden kann, braucht keine gewalttätigen Aktionen von Sympathisanten mehr zur Unterstützung. Vielmehr kommt der ungerechtfertigte und unmenschliche Charakter der Gewaltakte deutlicher zum Vorschein, so daß sie immer weniger politischen Rückhalt finden und letztlich "überflüssig" sein werden.

Läßt sich dieser Umgang mit rechtsradikalen ParlamentarierInnen übertragen auf den Umgang mit Rechtsradikalen außerhalb des Parlaments - der anderen Seite der "Medaille", ohne die die DVU-Abgeordneten undenkbar sind? Einerseits ja, denn jeder politische Fanatiker ist ein Mensch, der respektiert werden möchte, berechtigte Bedürfnisse hat und aufgrund konkreter eigener Hintergründe und Erfahrungen handelt, die häufig etwas mit Minder- Positionen/Ohnmacht zu tun haben.
Andererseits werden politische Haltungen auch über die öffentliche Meinung, über kollektive Wertvorstellungen, über das gesellschaftliche, kulturelle, politische Klima gebildet, wogegen Einzelgespräche kaum ankommen. Deshalb reicht die individuelle Auseinandersetzung nicht aus, um Rechtsextremismus aufzulösen. Die öffentliche Artikulierung und Durchsetzung von humanen Wert- und Politikvorstellungen muß dazukommen. Diese öffentliche Auseinandersetzung sollte sich jedoch in gleicher Weise an den Prinzipien der gewaltfreien, konstruktiven Konfliktaustragung orientieren. Einige Überlegungen dazu finden sich im folgenden Abschnitt.

7. Konstruktive Konfliktlösung und gewaltfreier Widerstand

Wenn es um Rechtsradikale und fremdenfeindliche, gewalttätige Jugendliche geht, werden sicherlich manche den Standpunkt vertreten, daß deren Denken und Handeln so menschenverachtend und gefährlich seien, daß nur klare repressive Maßnahmen in Frage kommen. Ähnlich verhält es sich bei (Bürger-)Kriegen und Völkermord.

Gewaltfreiheit, so betrachtet, fordert an erster Stelle den Schutz der Opfer bzw. das Unschädlichmachen der Täter. Für manche ist bei diesen Themen auch die Grenze der Gewaltfreiheit erreicht: Da hilft nur noch Gewalt, um der Gewalt Einhalt zu gebieten.

Die Frage, ob es gewaltfreie Mittel gegen Völkermord gibt oder nicht, soll an dieser Stelle nicht diskutiert werden. Vielmehr soll die Frage beleuchtet werden, ob gewaltloser Widerstand - gegen Rechts, gegen Umweltzerstörung, gegen Massenvernichtungswaffen etc. - immer auch gewaltfrei und konstruktiv im Sinne unseres Konfliktmodells ist. Denn "Gewaltlosigkeit," die sich nur durch den Verzicht auf direkte, physische Gewalt auszeichnet, ist nicht dasselbe wie "Gewaltfreiheit", die auch indirekte und strukturelle Gewalt ausschließt und an dem Ziel einer gerechten und solidarischen Gesellschaft orientiert ist. Aus unserem Konfliktmodell können wir erkennen, welches wichtige Prüfsteine für gewaltfreie, konstruktive Konfliktbearbeitung sind: Die Frage, ob Gleichrangigkeit statt Überlegenheit angestrebt wird, und die Frage, ob konsensuale win-win-Lösungen statt einseitiger Interessendurchsetzung (win-lose-Lösungen) am Ende herauskommen.

Gewaltfreier Widerstand im Sinne Gandhis ist immer auf Dialog hin angelegt und überschneidet sich darin mit dem Konzept konstruktiver Konfliktlösung. Durch gewaltfreie Machtentfaltung sollen Gleichrangigkeit erreicht, Dialogbereitschaft erzeugt und konsensuale Konfliktlösung ermöglicht werden. Allerdings gibt es immer auch Konflikte, über die schlecht verhandelt werden kann. Dies ist der Fall, wenn es um grundlegende Werte bzw. Gewissensentscheidungen geht: z.B. Kriegsdienstverweigerung aus Gewissensgründen, Kampf gegen Atomkraftwerke und Massenvernichtungswaffen, Widerstand gegen Gentechnologie, Vegetarismus, Ablehnung von Abtreibung, Einhaltung von religiösen Normen und Vorschriften usw. Gewissensentscheidungen sind nicht vom Konsens anderer abhängig, sondern unmittelbar persönlich verbindlich. Zwar ist es nicht grundsätzlich unmöglich, auch bei diesen Themen Lösungen zu finden, jedoch nicht in Form von "Kompromissen" (weniger

Atomkraftwerke, nur ein bißchen Fleisch, Abtreibung bis zu einem bestimmten Zeitpunkt usw.). Dies hat zur Folge, daß Situationen auftreten können, in denen eine Konfliktpartei der anderen - aus Gewissensgründen - ihren Willen aufzwingen möchte bzw. deren Ziele und Handlungen vereiteln will. Ist dies mit gewaltfreier, konstruktiver Konfliktlösung vereinbar?

7.1. Gewaltloser Widerstand und strukturelle Gewalt

Wie schon im Exkurs "Ist Gewaltfreiheit und konstruktive Konfliktlösung mit Druck und Zwang vereinbar?" (Kap. I.3.1 im 2. Teil) behandelt, hängt die Frage davon ab, ob ich für mich Privilegien einfordere oder Menschenrechte bzw. allgemein verbreitete Lebensstandards (bzw. ob ich meinen KontrahentInnen Privilegien nehme oder Menschenrechte). In der Sprache der Friedens- und Konfliktforschung: ob ich strukturelle Gewalt konserviere oder aufbaue oder ob ich strukturelle Gewalt abbaue.

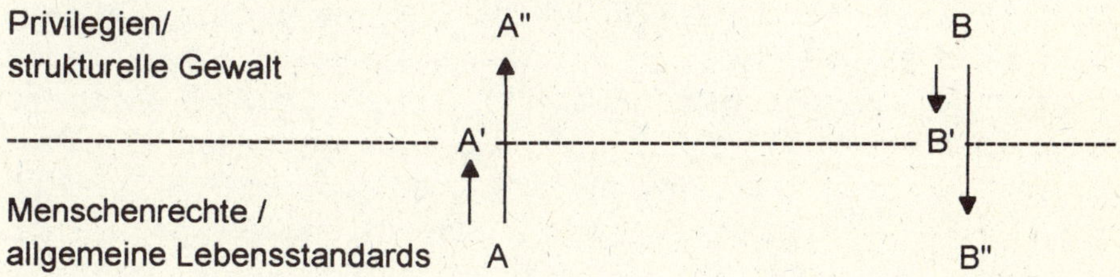

Person A kann sich aus ihrer Minder-Position mittels gewaltfreier Machtentfaltung bis zum Punkt A' erheben, der für die gleichen Möglichkeiten für alle Beteiligten (Gleichrangigkeit) steht. Auch wenn dies gegen den Widerstand von B durchgesetzt werden muß, kann es "gewaltfrei" geschehen. Erst wenn A versucht, darüber hinaus in die privilegierte Position A" zu gelangen, also in eine Position struktureller Gewalt, ist ihr Durchsetzungsverhalten nicht mehr gewaltfrei.

Umgekehrt ist der Versuch, Person B aus ihrer privilegierten Position herunterzuholen legitim und gewaltfrei, solange sie nicht unter den Punkt B' hinuntergedrückt wird.

7.2. Gewissensentscheidungen und Wertekonflikte

Gewissensentscheidungen, die nur einen selbst betreffen, sind ein Grundrecht und somit kein "Privileg", das einem von anderen abgesprochen werden dürfte. Soweit sie die Handlungsfreiheit der anderen nicht einschränken, ist dies auch nicht weiter problematisch.

Gewissensentscheidungen können jedoch auch andere unmittelbar betreffen und einschränken: z.B. die Weigerung von Kliniken, gesetzlich erlaubte Abtreibungen vorzunehmen, oder die Totalverweigerung von Zwangsdiensten, die zu einer Benachteiligung der "Dienenden" führen würde, wenn sie keine Konsequenzen nach sich ziehen würde. Diese Gewissensentscheidungen sind zwar legitim und müssen zugelassen werden, sie dürfen aber keine Zwangswirkung auf andere haben. Insofern müssen die GewissenstäterInnen Vorsorge treffen, daß den Betroffenen andere Möglichkeiten (z.B. zur legalen Abtreibung) bleiben bzw. daß sie nicht - gegen den Willen der Gesellschaft - Privilegien genießen (z.B. Totalverweigerer, die keinen Dienst tun müssen und auch nicht dafür bestraft werden, während alle anderen mehrere Monate oder Jahre Dienst leisten - was bei uns allerdings nicht der Fall ist: nur ein Teil der Wehrpflichtigen leistet tatsächlich Wehr- oder Zivildienst!). Im letzteren Fall böte sich an, freiwillig einen selbstgewählten Dienst zu leisten, oder - falls es einem nicht um individuelle Lösungen geht - durch einen Prozeß und die Strafe die gesellschaftliche Diskussion über Zwangsdienste zu forcieren, um letztendlich eine für alle gültige Abschaffung von Zwangsdiensten zu erreichen. Solange dieser gesellschaftliche Konsens (oder Mehrheitsbeschluß) nicht erreicht ist, müssen GewissenstäterInnen entweder individuell ihr Gewissen verwirklichen oder als moralisch-politischer "Stachel im Fleisch der anderen" die Folgen ihres zivilen Ungehorsams ertragen und die politische Auseinandersetzung damit vorantreiben. Die Verfolgung der Zeugen Jehovas etwa, die aus religiösen Gründen - auch schon unter den Nazis - jeglichen Kriegs- und den Zivildienst verweigerten, hat so z.B. zum Gesetz über den Zivildienst-Ersatz (§ 15a Zivildienstgesetz) geführt.

Gewissenshandlungen, die zwar andere betreffen, aber nicht unter die eigenen Gewissensmaßstäbe zwingen, sind durchaus gewaltfrei und konstruktiv im Sinne unserer Kriterien, sofern sie andere Menschen nicht körperlich verletzen oder töten. Denn die Gewissensfreiheit beider KontrahentInnen bleibt gewahrt, und ein gleichrangiger Dialog zur konstruktiven Lösung des Konflikts ist jederzeit möglich.

Kommen jedoch Menschen mit unterschiedlichen Gewissensentscheidungen, die sich gegenseitig ausschließen, in Konflikt, befinden sie sich in einer ethischen Dilemma-Situation: wenn z.B. ein Arzt einem Kind ein Organ transplantieren will, um sein Leben zu retten, die Eltern dies aber aus Glaubensgründen ablehnen. In dieser Situation, in der außerdem noch Zeitdruck besteht, ist wohl eine konstruktive, gewaltfreie Lösung nicht möglich. Es wird sich eine Seite durchsetzen und damit die andere Person an ihrem Gewissenshandeln gehindert haben.

7.3. Zusammenfassung: Kriterien verantwortlichen und konstruktiven gewaltfreien Widerstands

* Gewaltfreier Widerstand kann ein notwendiges und verantwortliches Mittel sein, um strukturell verursachte Gewalt abzubauen und zu überwinden.

* Gewaltfreier Widerstand ist mit gewaltfreier, konstruktiver Konfliktlösung vereinbar, wenn er unterdrückte und machtlose Menschen und Gruppen so stark macht, daß eine gleichrangige Auseinandersetzung mit der Gegenseite in Gesprächen und Verhandlungen erfolgen kann.

* Gewaltfreier Widerstand ist darüber hinaus verantwortbar, wenn mit ihm individuelle oder kollektive Menschenrechte geschützt oder erkämpft werden sollen. Daß dabei jede Gesprächs- und Verhandlungsbereitschaft der Gegenseite begrüßt und genutzt wird, gehört zum Grundverständnis gewaltfreier Konfliktaustragung.

* Gewaltfreier Widerstand zum Abbau von struktureller Gewalt ist ebenfalls vertretbar, solange nicht neue Privilegien und Diskriminierung geschaffen werden. Auch hier hat das Gespräch Vorrang vor der Aktion. Lösungen müssen, auch wenn sie gegen den Widerstand der Privilegierten durchgesetzt werden müssen, immer auch die Interessen, Bedürfnisse und Menschenrechte der anderen Seite mitberücksichtigen.

* Gewaltloser Widerstand zur allgemeinen Durchsetzung von politischen oder ethischen Ideen ist solange konstruktiv und gewaltfrei, als es letztendlich um die Überzeugung der GegnerInnen und um einen neuen gesellschaftlichen Konsens geht. In diesem Auseinandersetzungs-Prozeß können sich durch den Dialog mit der anderen Seite und das Ernstnehmen auch ihrer Wahrheiten die ursprünglichen Ziele verändern und aufeinander zu bewegen. Ist ein neuer gesellschaftlicher Konsens nicht erreichbar, sondern nur neue Mehrheiten,

dürfen die neu enstandenen Minderheiten keinesfalls in ihren Menschenrechten beschnitten werden.

* Sobald aber eine Minderheit mittels gewaltlosem Widerstand versucht, der Mehrheit ihre politische Vorstellungen aufzuzwingen, handelt es sich um einen Akt struktureller Gewalt, sofern es sich nicht um die Durchsetzung von Menschenrechten und allgemeinen Lebensstandards handelt. Ein solcher Widerstand ist somit nicht mit gewaltfreier, konstruktiver Konfliktlösung vereinbar.

7.4. Gewaltfreie Auseinandersetzung mit Rechtsradikalen

Wenn wir diese Überlegungen auf das Beispiel Rechtsradikalismus und rassistische Gewalt übertragen, läßt sich schlußfolgern:

* Physische Angriffe und Einschränkung von Grundrechten dürfen und müssen abgewehrt werden. Dazu gibt es vielfältige gewaltlose Möglichkeiten. [8] Allerdings kann es in Notwehr- oder Nothilfesituationen zu Dilemma-Situationen kommen, in denen man nur durch Gewalt unschuldiges Leben schützen kann. Notwehr und Nothilfe setzen jedoch eine eingrenzbare und überschaubare Situation voraus, in der die Gewalt tatsächlich gestoppt werden kann. Andernfalls droht eine weitere Eskalation der Gewalt.

* Verbalen Angriffen und rassistischer Hetze kann begegnet werden durch verbale oder symbolische Grenzziehung *(z.B. "Stop! Das geht zu weit! So lasse ich nicht mit mir reden! Ich beleidige Sie nicht, und ich erwarte auch, daß Sie mich nicht beleidigen!" evtl. mit entsprechender Handbewegung, Aufstehen, Aus-dem-Raum-Gehen)*, aktivem Zuhören *(z.B. "Sie sind total wütend, daß Flüchtlinge Geld vom Staat erhalten und Sie selbst immer weniger kriegen?")* und nichtverletzenden (Ärger-)Mitteilungen *(z.B. "Es ärgert mich, wenn über Leute schlecht gesprochen wird, die nicht anwesend sind und sich nicht wehren können!")*. Darüber hinaus sind Solidarisierung, Hilfeleistung und öffentliches Eintreten für Diskriminierte wichtig. Denn das

---

[8] Vgl. Detlev Beck, Barbara Müller, Uwe Painke: Man kann ja doch was tun! Gewaltfreie Nachbarschaftshilfe - Kreatives Eingreifen in Gewaltsituationen und gemeinschaftliche Prävention fremdenfeindlicher Übergriffe, Minden 1994.
Dieter Lünse, Jörg Rohwedder, Volker Baisch: Zivilcourage - Anleitung zum kreativen Umgang mit Konflikten und Gewalt, , Hamburg - Münster 1995.
Heike Blum, Gudrun Knittel: Training zum gewaltfreien Eingreifen gegen Rassismus und rechtsextreme Gewalt, Köln 1994.

gesellschaftliche "Klima" ist ein wichtiger Faktor für die Verbreitung oder Eindämmung von Fremdenfeindlichkeit und Gewalt.

* Jede Möglichkeit, im Gespräch die Gefühle und Bedürfnisse der Gegenseite zu erfahren (und ggf. zu ermitteln) sowie die eigenen Gefühle und Bedürfnisse mitzuteilen, sollte genutzt werden. Die Rechtsradikalen und Gewaltbereiten sollen erfahren, daß sie trotz der Ablehnung ihrer politischen Ziele bzw. ihrer Gewalttaten als Menschen geachtet werden.

Sozialer Boykott würde nur Mißachtung der Person ausdrücken und eine Veränderung zum Positiven erschweren.

* Im Gespräch sollen den Rechtsradikalen Widersprüche in ihrer Argumentation und ihre eigentlichen Interessen klarwerden. Sie sollen alternative Möglichkeiten, ihre Interessen zu verfolgen, kennenlernen. Und gemeinsam mit ihnen sollen Lösungen erarbeitet werden, die von allen gemeinsam getragen werden können.

8. Problem des unterschiedlichen Empfindens von Gleichwertigkeit

Im täglichen Leben und in der politischen Auseinandersetzung erleben wir immer wieder Situationen, in denen beide bzw. alle Konfliktparteien gleichzeitig den Eindruck haben, daß sie angegriffen, beleidigt, bedroht, in die Enge getrieben oder überwältigt werden, sich also in einer Minder-Position befinden. Selbst wenn eine Konfliktpartei bewußt versucht, lediglich eine gleiche Ebene zu erreichen, kann es der subjektive Eindruck der anderen Seite sein, daß sie in eine bedrohliche Minder-Position hineinmanövriert worden ist. Resultat ist dann meist nicht die gewünschte Gesprächsbereitschaft, sondern erneute Versuche der "geschwächten" Seite, in eine Mehr-Position zu gelangen.

Wie kommt es dazu, und wie kann in einer solchen Situation Gleichwertigkeit realisiert werden und die Bereitschaft zum konstruktiven Dialog entstehen?

Zum Wesen eines Konflikts scheint es - nach unseren Überlegungen am Anfang von Teil 1 - zu gehören, daß zumindest bei einer Konfliktpartei negative bzw. unangenehme Gefühle gegenüber der Gegenseite entstehen. Das Austragen von Interessengegensätzen gliche sonst eher einem sportlichen Wettkampf oder einer sachlichen Problemlösungssuche.

Sobald aber Emotionen im Spiel sind, gibt es offenbar eine veränderte Wahrnehmung der Gegenseite und des gemeinsamen Problems bzw. Themas. So wie Verliebte angeblich alles rosa - also positiv - sehen, so nehmen Streitende sich gegenseitig eher negativ wahr. Im Verlaufe eines Konflikts können sich die Wahrnehmungen und Einstellungen derart verzerren und verhärten, daß Außenstehende nur den Kopf darüber schütteln können. Und doch ist das die "Wahrheit" der Beteiligten. Ohne ihre Bereitschaft, die Dinge und Personen anders zu sehen, läßt sich keine freiwillige Veränderung einleiten. Die KonfliktpartnerInnen haben oft wenig Bereitschaft und wenn, dann schlechte Chancen, die Sichtweisen der Gegenpartei positiv zu verändern. Trotzdem sollte es versucht werden. Die Idee gewaltfreien Widerstands schließt diesen Versuch ein. Außenstehende finden jedoch eher Gehör, stoßen aber ebenfalls schnell an Grenzen: Ein guter Rat muß erbeten sein, sonst wird er nicht angenommen. Ermahnungen oder scharfsinnige psychologische Analysen werden von den emotionalisierten Konfliktparteien als Unverständnis oder Feindseligkeit abgewehrt, solange die innere Offenheit für andere "Wahrheiten" und Sichtweisen fehlt.

Wie anders können dann Wahrnehmungsverzerrungen in emotionalisierten Situationen verhindert oder berichtigt werden?
Der wichtigste Schritt dürfte sein, die "Vernebelung" der Wahrnehmung durch die Gefühle aufzulösen. Da Gefühle durch Verleugnung nicht verschwinden, sollten sie akzeptiert und ausgedrückt werden. Allein dies kann ausreichen, eine aufgebrachte oder verhärtete Person von innerem Druck zu entlasten, so daß sie die andere Partei unvoreingenommener wahrnehmen kann. Darüber hinaus ist es ratsam, die Gefühle zu "verarbeiten", d.h. die dahinter stehenden Verletzungen, Bedürfnisse und Ängste zu erkennen. Dies richtet den Blick weg von der anderen Person, der gerne die "Schuld" für die eigenen Gefühle zugeschoben wird, hin zu sich selbst und auf die eigene Verantwortlichkeit und Beteiligung am Streit.

Dieser Weg der Selbsterkenntnis bedeutet, sich nicht auf aggressive Abwehr zu konzentrieren, sondern sich zu öffnen und damit verletzbar zu machen. Deshalb wird sich kaum jemand dazu bereit finden, wenn er oder sie sich bedroht und angegriffen fühlt. Die Chance der gewaltfreien, konstruktiven Konfliktbearbeitung liegt eben darin, diese Bedrohung wegzunehmen und damit den Weg zur Selbsterkenntnis offen zu halten.

Abgesehen von der emotional verzerrten Wahrnehmung gibt es auch eine ganz alltäglich zu erlebende unterschiedliche subjektive Einschätzung darüber, was "gleich" ist: Wenn eine ungeliebte Aufgabe, z.B. der Küchendienst, zwischen mehreren Personen aufgeteilt wird, hat meist jedeR den Eindruck, daß er bzw. sie mehr machen muß als die anderen. Oft ist es auch schwierig oder unmöglich, genau zu bestimmen, was gleich groß, gleich viel oder gleichwertig ist. Eine Auseinandersetzung darüber ist meist fruchtlos. Ein Ausweg kann sein, daß die Beteiligten vereinbaren oder sich vornehmen, nicht jeweils genau die Hälfte (bzw. ein Drittel, ein Viertel usw.) zu tun, sondern ein wenig mehr. Dann ist die Arbeit auf jeden Fall gemacht und zwar insgesamt mit weniger Aufwand als geplant. Falls eine Person trotzdem den Eindruck hat, daß die Mehrarbeit einseitig auf ihren Schultern lastet, kann eine (gelegentliche) Rotation der Aufgaben Abhilfe schaffen.

Ähnlich könnte es auch funktionieren, wenn es um das Abbremsen der Eskalation von Konflikten und das Erreichen einer gleichen Ebene geht - nur daß hier nicht ein "Mehr", sondern ein "Weniger" angebracht wäre: Die Person, die eine konstruktive Wende in das Konfliktgeschehen bringen möchte, sollte sich eher mit einer weniger starken Position begnügen, als eine tatsächlich gleiche Ebene anzustreben, die aber von der Gegenseite als Übermacht empfunden wird. Schließlich geht es ja in dieser Phase des Konflikts in erster Linie um die Bereitschaft zum Dialog - und weniger um Gerechtigkeit und Gleichheit. Und diese Bereitschaft kann wachsen, wenn sich die andere Konfliktpartei nicht bedroht fühlt und das subjektive Gefühl von Gleichwertigkeit hat. Dieser Punkt kann sehr schwierig zu ermitteln und zu erreichen sein, da der Übergang zwischen wütender Aggression aus der Minder-Position und selbstzufriedener Überlegenheit kein "Mittelstück" zu haben scheint. Um dennoch diesen Punkt zu erreichen, müssen gewaltfreie Machtentfaltung und Verzicht auf Macht und Vorteile sinnvoll eingesetzt und genau dosiert werden. Dies kann Zeit, Geduld und Leidensfähigkeit erfordern. Wenn das Ziel jedoch erreicht wird, hat es sich wohl meist gelohnt.

Falls die Gegenseite sich jedoch beharrlich weigert, in einen Dialog einzutreten, weil es für sie nur Siegen oder Verlieren gibt, und der Konflikt keinen Aufschub duldet, kann eine Ausnahmesituation eingetreten sein: In diesem Fall kann nicht weiter darauf gehofft werden, daß die Gegenseite doch noch Gleichrangigkeit akzeptiert und verhandlungsbereit wird. Vorrang hat der Schutz der Schwachen und die Verwirklichung der Menschenrechte. Wenn die gewaltfreie Machtentfaltung dies ermöglicht, sollte gehandelt werden - auch ohne Gesprächsbereitschaft der anderen Seite. Die Menschenrechte des Gegners müssen jedoch ebenfalls beachtet werden, und die eigene Bereitschaft zum Dialog darf nicht aufgegeben werden.

Es steht jedoch zu hoffen und zu erwarten, daß diese Ausnahmesituationen in dem Maße abnehmen, wie schon im Vorfeld gewaltfrei und konstruktiv gestritten wird. Eine auf diese Weise entwickelte Kultur der Gewaltfreiheit baut Mißtrauen und Bedrohtheitsgefühle ab und stärkt das Vertrauen und die Fähigkeit zur konstruktiven Konfliktaustragung. Sie schafft damit die Grundlagen für eine Entwurzelung der Gewalt.

Nachwort

Was kritische Geister schon längst bemerkt haben, soll abschließend noch einmal ausdrücklich bestätigt werden: Es handelt sich bei dieser Veröffentlichung um keine wissenschaftliche Arbeit im engeren Sinne. Die Gültigkeit des hier entwickelten Konfliktmodells wird weder schlüssig "bewiesen" noch mit empirischen Untersuchungen statistisch untermauert. Es ist vielmehr ein Erklärungsversuch, der sich auf seine Plausibilität und auf langjährige Erfahrungen mit Konfliktarbeit stützt. Das Modell soll nicht bis ins letzte Detail ausgefeilt und widerspruchsfrei sein, sondern einfach handhabbar und in der Praxis erfolgreich anwendbar sein. Meine eigenen Erfahrungen und die von anderen Personen, die das Modell kennen und mit ihm arbeiten, bestätigen dies. Darüber hinaus hoffe ich auf Weiterentwicklungen und Änderungen, die seine Anwendbarkeit weiter verbessern.

Spätestens seit der wissenschaftlichen Wissenschaftskritik (vgl. Paul Feyerabend, Wider den Methodenzwang, Frankfurt a.M. 1976) läßt sich immer weniger bestreiten, daß es neben der wissenschaftlichen Methodik noch andere Erklärungszugänge unserer Realität gibt, die in der Praxis nicht minder brauchbar sind. Letztendlich kommt es darauf an, ob die Erklärungsmodelle und Handlungsanleitungen im wirklichen Leben taugen oder nicht. Deshalb soll am Schluß die Aufforderung an die LeserInnen stehen, mit dem vorgestellten Konfliktmodell zu experimentieren und seine Brauchbarkeit in der Praxis zu überprüfen. Ich wünsche Ihnen dabei viele überraschende und erfreuliche Erlebnisse und Ergebnisse!

Gewaltfreie Konfliktlösung durch Deeskalation?

Christoph Besemer

Die Interventionsdebatte

In den 90er-Jahren hat sich die Pazifismus- Diskussion auf ein neues Thema verlagert. Die Fragestellung heißt nun nicht mehr: "Wie können wir Abrüstung erreichen und ohne den 'Schutz' von Waffen leben bzw. uns nicht-militärisch verteidigen?" Gefragt sind heute Konzepte für das Problem: "Wie können kriegerisch ausgetragene Konflikte von außen deeskaliert werden? Gibt es die Möglichkeit gewaltfreier Interventionen, um einen Friedensprozeß einzuleiten und voranzubringen?"
Diese Frage war im Oktober 1996 auch das Thema einer internationalen Arbeitstagung des Instituts für Friedensarbeit und Gewaltfreie Konfliktaustragung, auf der erste Forschungsergebnisse von Barbara Müller und Christian Büttner vorgetragen und zur Diskussion gestellt wurden.[1]

An dieser Stelle sollen diese Konzepte, wie etwa auch das des Zivilen Friedensdienstes, nicht im einzelnen dargestellt und analysiert werden. Vielmehr möchte ich das grundsätzliche Anliegen, Konflikte deeskalieren zu wollen, einer genaueren Betrachtung unterziehen. Mein Ziel ist, dazu beizutragen, daß ein schlüssiges und authentisch gewaltfreies Konzept der Konfliktbearbeitung und -intervention entwickelt wird.

Deeskalations-Modelle

In der aktuellen Diskussion erscheint Konflikteskalation als etwas grundsätzlich Negatives und die Konfliktdeeskalation als etwas grundsätzlich Positives.

---

[1] Tagung "Gewaltfreie Intervention in Krisen und Krieg. Forschungsergebnisse auf dem Prüfstand" in der Ev. Akademie Mülheim an der Ruhr vom 11. bis 13. Oktober 1996;
Barbara Müller & Christian Büttner: Optimierungschancen von Peacekeeping, Peacemaking und Peacebuilding durch gewaltfreie Interventionen? Arbeitspapier Nr. 4 des Instituts für Friedensarbeit und Gewaltfreie Konfliktaustragung, Wahlenau 1996

So haben sich Fachleute, wie etwa **Friedrich Glasl**, viel Mühe gemacht, detailliert die ver- schiedenen Stufen der Konflikteskalation zu definieren und zu analysieren. Glasl unterscheidet neun Eskalationsstufen:

1. "Verhärtung"
2. "Debatte"
3. "Taten" (statt Worte)
4. "Images und Koalitionen"
5. "Gesichtsverlust"
6. "Drohstrategien"
7. "Begrenzte Vernichtungsschläge"
8. "Zersplitterung"
9. "Gemeinsam in den Abgrund"[2].

Die Interventionsmethoden, die Glasl zur Deeskalation eines Konflikts durch Dritte vorschlägt und behandelt, reichen von

"Moderation" (Stufen 1-3),
"Prozeßbegleitung" (Stufen 3-5),
"Sozio-therapeutischer Prozeßbegleitung" (Stufen 4-6),
"Vermittlung" (Stufen 5-7)
"Schiedsverfahren" (Stufen 6-8)
bis hin zum - nicht unbedingt gewaltfreien -
"Machteingriff" (Stufen 7-9).[3]

Barbara Müller und Christian Büttner haben ein dynamisches Modell gewaltfreier Krisenintervention vorgeschlagen, das auf einer "Deeskalations-spur" hocheskalierte Konflikte "herunterfährt".[4] Je nach Eskalationsgrad komme es in erster Linie an:

- auf Gewaltkontrolle (Stufen 9-6) durch "Peacekeeping" (Verhaltensebene),
- auf Veränderung von Einstellungen und Verbesserung von Beziehungen (Stufen 5-3) durch "Peacebuilding" (Einstellungsebene),
- auf Regelung der Interessengegensätze (Stufen 3-1) durch "Peacemaking" (Inhaltsebene).

---

[2] Friedrich Glasl: Konfliktmanagement, 4. Aufl., Bern - Stuttgart 1994, S. 218
[3] ebd. S. 361
[4] Barbara Müller & Christian Büttner: Optimierungschancen von Peacekeeping, Peacemaking und Peacebuilding durch gewaltfreie Interventionen? Arbeitspapier Nr. 4 des Instituts für Friedensarbeit und Gewaltfreie Konfliktaustragung, Wahlenau 1996

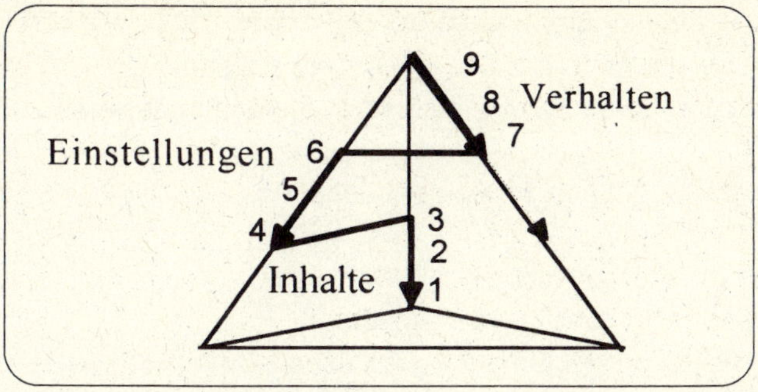

Jedem Abschnitt werden entsprechende gewaltfreie Eingriffsmöglichkeiten zugeordnet, wobei der Hauptunterschied zu Glasl ist, daß auf gewaltsame, repressive Machteingriffe verzichtet wird.

Gewaltfreie Eskalation

Dem Ansatz der Deeskalation entgegengesetzt ist das Konzept der Gewaltfreien Aktion, dessen Ziel es ist, Konflikte gewaltfrei zu dramatisieren und zu eskalieren.

So schreibt **Martin Luther King**: *Die gewaltfreie direkte Aktion "will eine Krise herbeiführen, eine schöpferische Spannung erzeugen, um damit eine Stadt, die sich bisher hartnäckig gegen Verhandlungen gesträubt hat, zu zwingen, sich mit den Problemen auseinanderzusetzen. Sie will diese Probleme so dramatisieren, daß man nicht mehr an ihnen vorbei kann. [...] Ich habe mich immer ... entschieden gegen gewaltsame, zerstörerische Spannungen eingesetzt. Doch es gibt eine Art konstruktiver, gewaltloser Spannungen, die für alles Wachstum erforderlich ist*"[5]
Und weiter: *"Meine Freunde: Ich muß Ihnen sagen, daß wir ohne entschlossenen, legalen und gewaltlosen Druck auf dem Weg zur Gleichberechtigung nicht einen einzigen Schritt vorwärtsgekommen sind."*[6]

Theodor Ebert hat die verschiedenen Formen gewaltfreien Widerstands systematisiert und einem Eskalationsschema zugeordnet, das die Stufen

1 Protest
2 Legale Nichtzusammenarbeit
3 Ziviler Ungehorsam

umfaßt.[7]

---

[5] Martin Luther King: Freiheit, Kassel 1964, S. 188
[6] ebd.
[7] Theodor Ebert: Gewaltfreier Aufstand. Alternative zum Bürgerkrieg, ergänzte

Als strategische Absicht steht dahinter,
- einen nervenzerrüttenden Konfliktzustand zu schaffen,
- mit der Diskrepanz zwischen Selbstbild und Handlungsweise zu schockieren und
- die Verfügung über Machtmittel zu entziehen.

Dazu kommen auf der konstruktiven Seite
- das Angebot von Sicherheit und Wohlstand,
- das Angebot eines neuen Gerechtigkeitsideals, d.h. die Übereinstimmung von Selbstbild und Handlungsweise und
- das Angebot einer neuen, sozial nützlichen, Prestige bringenden Position.[8]

Die Wirkungsweise gewaltfreier Aktionen reicht von "Sinnesänderung" bis "Zwang", wobei Ebert dies nicht als alternative, sondern als sich ergänzende Strategien ansieht. [9]

Offensichtlich ist es also das Ziel gewaltfreien Widerstands nicht, Konflikte zu deeskalieren, sondern - im Gegenteil - durch gezielte Eskalation zu dramatisieren und einer Lösung zuzuführen.

Daraus ein Prinzip, ständig zu eskalieren, abzuleiten, wäre freilich abwegig: Ziel der Gewaltfreien Aktion ist - zumindest nach **Gandhi** und M.L. King - immer der Dialog. Auch während eskalierender Kampagnen hat Gandhi nicht davor zurückgescheut, nach gewalttätigen Ausschrei- tungen die Widerstandsaktionen abzubrechen und z.B. durch Fasten eine Deeskalation der Situation zu bewirken.

Auch **Friedrich Glasl** sieht - besonders bei "kalten Konflikten" - die Notwendigkeit, den Konflikt "aufzutauen", d.h. durch eskalierende Maßnahmen noch zu steigern. Denn eines der großen Probleme des kalten Konfliktes sei die unausgesprochene Vereinbarung zwischen den Parteien, so zu tun, als wäre alles gar nicht so schlimm. Oder die Spannungen werden geleugnet - und damit unterbleiben auch Bemühungen zur Lösung der Probleme.[10]
Eskalierende Interventionen werden also auch von Glasl in Betracht gezogen, er führt sie jedoch nicht weiter aus. Insbesondere geht er nicht auf das oben dargestellte Konzept der Gewaltfreien Aktion ein. Wenn er "Machteingriffe" als Interventionsmethode behandelt, geht er immer von Macht**überlegenheit,**

Neuauflage, Waldkirch 1980, S. 37
8 ebd. S. 80
9 ebd. S. 81
10 Vgl. Glasl, a.a.O., S. 291

von Sanktionsmacht aus, nicht aber vom Aufbau **ebenbürtiger** Macht bzw. gewaltfreiem Machtentzug.

Kritik der Deeskalation

In der oben erwähnten Tagung des Instituts für Friedensarbeit und Gewaltfreie Konfliktaus- tragung gab es auch Stimmen, die die Bemühungen um Deeskalation von Konflikten grundsätzlich in Frage stellten:
"Deeskalation wird (von diesen KritikerInnen - C.B.) verstanden als eine Strategie der Beschwichtigung der Benachteiligten, damit sich diese ruhig verhalten und sich nichts ändert. Deeskalierende Interventionen sind in diesem Sinn Instrumente - ob willentlich oder nicht - einer Herrschaftspolitik. Damit sind sie keinesfalls im Sinne von gewaltfreien AktivistInnen, denen es um die Veränderung im Sinne von größerer Gerechtigkeit geht."[11]

Dieser Sichtweise wurde jedoch entgegnet:
"Deeskalation wird in der Politik anders verstanden als im wissenschaftlichen Sprach- gebrauch. Jedenfalls bei den von uns unter suchten Autoren bedeutet Deeskalation, daß die destruktiven Elemente eines Konfliktes wie gewaltsames Verhalten, negative Einstellungen und Bilder, die Unfähigkeit zur Problemlösung bearbeitet werden mit dem Ziel, den Konflikt auf eine konstruktive Weise auszutragen. Nicht, ihn unter den Teppich zu kehren und dort zu halten."[12]

Konfliktdynamik und Konfliktlösung nach Pat Patfoort

Zur weiteren Klärung des Sachverhalts kann das Konflikt-Modell von Pat Patfoort, einer belgischen Trainerin für gewaltfreie Konfliktaustragung, beitragen.[13]
Pat Patfoort geht von einem Konflikt, definiert als Zusammenprallen unvereinbarer Handlungsziele, als Ausgangspunkt einer destruktiven

---

[11] Aus dem Protokoll der Tagung "Gewaltfreie Intervention in Krisen und Krieg. Forschungsergebnisse auf dem Prüfstand" in der Ev. Akademie Mülheim an der Ruhr vom 11. bis 13. Oktober 1996, S. 10

[12] ebd.

[13] Dieses Modell wurde - soweit mir bekannt - leider noch nicht (in deutscher Sprache) veröffentlicht. Einige Ansätze finden sich bereits in einer früheren Publikation von Pat Patfoort: An Introduction to Nonviolence. A conceptual framework, Brüssel 1987

Eskalation oder einer konstruktiven Konfliktbearbeitung aus.

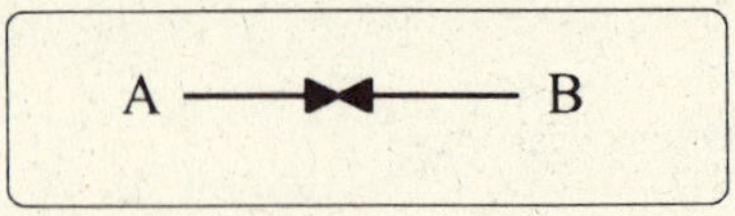

Destruktive Konfliktbearbeitung

Destruktive Konfliktbearbeitung ist gekennzeichnet durch folgenden Baustein:

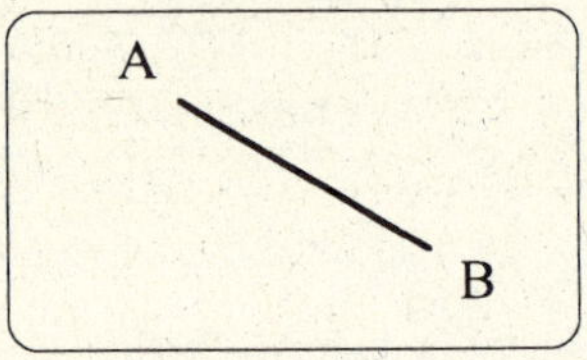

Eine Konfliktpartei ist in einer "Mehr-Position", die andere in eine "Minder-Position". A kann aufgrund ihrer Mehr-Position ihre Handlungswünsche durchsetzen, B in der Minder-Position dagegen nicht.
Die Mehr-Position kann durch Überlegenheit im geistigen, materiellen, physischen u.a. Bereich erlangt werden. Das Begriffspaar "Überlegenheit - Unterlegenheit" oder "Macht - Ohnmacht" beschreibt wohl am ehesten, was mit "Mehr-" und "Minder-Position" gemeint ist.

Das Streben nach einer Mehr-Position ist für Pat Patfoort destruktiv und die "Wurzel der Gewalt", da es eine Spannung erzeugt, die zur Eskalation treibt.
Diese eskalationsträchtige Spannung rührt von der Unerträglichkeit der Minder-Position her: Es beleidigt das Selbstwertgefühl und aktiviert den Selbsterhaltungstrieb, wenn man in diese ohnmächtigen, unterlegene Position gebracht wird.
Daraus resultiert eine Energie oder "Aggression" (wertfrei gemeint), die auf eine Änderung dieses Zustands ausgerichtet ist.

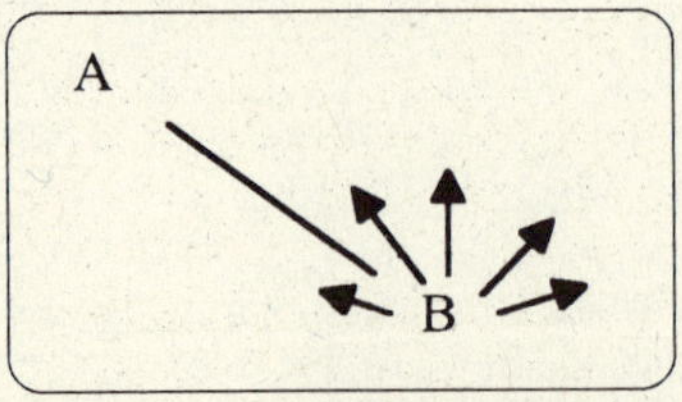

Es gibt nun drei Hauptrichtungen, in die diese Aggression gerichtet werden kann:

1. Vertikale Eskalation

Person B versucht, sich ihrerseits gegenüber Person A in eine Mehr-Position zu bringen, indem sie eigene Macht einsetzt, die die bisher ausgespielte Macht von A übertrumpft: indem sie z.B. auf kluges Argumentieren (Wissens-/ Bildungsmacht) mit Beleidigungen, Sturheit oder mit Einsatz von Entscheidungsmacht, mit Mobbing oder mit physischen Attacken reagiert. Wenn nun A seinerseits "zulegt", um wieder die Überhand zu gewinnen (z.B. durch Einsatz wirtschaftlicher oder juristischer Macht), eskaliert der Konflikt senkrecht nach oben und kann bis zu gewaltsamen, bewaffneten und kriegerischen Auseinandersetzungen führen.

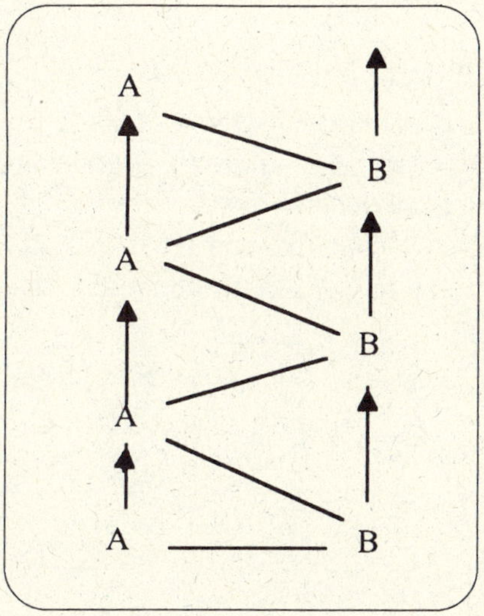

2. Horizontale Eskalation

Falls sich B aber nicht zutraut, gegen A anzukommen oder tatsächlich in jeglicher Hinsicht unterlegen ist, kann sich auch eine seitliche Eskalationsrichtung ergeben: B sucht sich eine andere, schwächere Person C und läßt an ihr seine Aggression ab. C ist dann der "Sündenbock" oder steht in der "Hackordnung" weiter unten.
C kann den Konflikt mit B nun ebenfalls entweder vertikal eskalieren (s.o.) oder sich seinerseits ein schwächeres Opfer D suchen und die horizontale Eskalation weiterführen.

Je schwächer die Opfer sind, desto weniger verfeinerte Macht steht ihnen zur Verfügung. Physische Gewalt als Mittel nimmt zu, auch in der Form von Sachzerstörung, Vandalismus u.a.

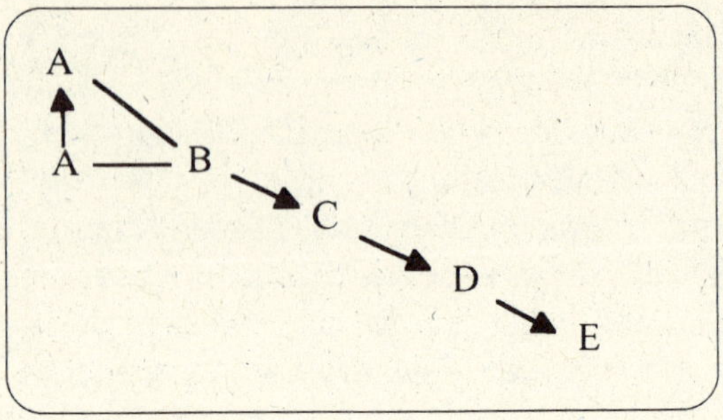

3. Selbst-Aggression

Wer keine Chance sieht, sich gegenüber anderen durchzusetzen bzw. dies aus ethischen, religiösen oder anderen Gründen nicht tun möchte, kann die Aggression gegen sich selbst richten: bewußt durch Selbstverstümmelung oder unbewußt durch Unterdrückung oder In-sich-Hineinfressen des Ärgers, was zu Depressionen und psychosomatischen Krankheiten führen kann.

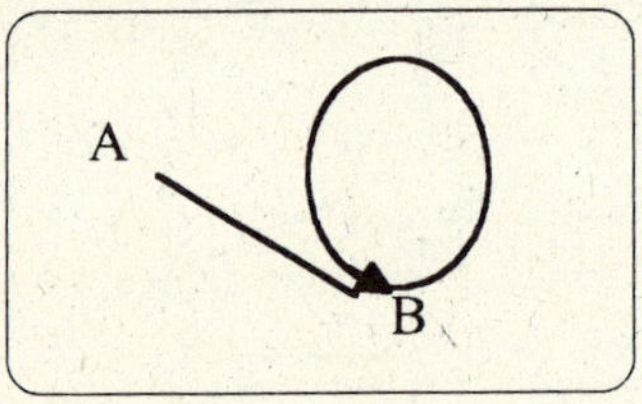

Konstruktive Konfliktbearbeitung

Als Alternative zu diesen destruktiven Verhaltensmustern in Konflikten schlägt Pat Patfoort das Modell der Gleichwertigkeit vor:

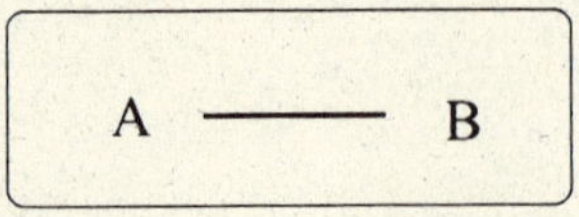

Gewaltfreiheit bedeutet nicht Verharren in der Unterlegenheits-Position und Verzicht auf Gegenwehr und Machtausübung. Im Gegenteil: die Unterlegenen müssen sogar ihre Macht entwickeln und einsetzen, damit sie als gleichwertig ernstgenommen werden.[14] Sie sollten jedoch ihrerseits keine Überlegenheitsposition anstreben. Nur so kann die Eskalationsdynamik gestoppt werden, ohne die eigene Interessensdurchsetzung aufzugeben:

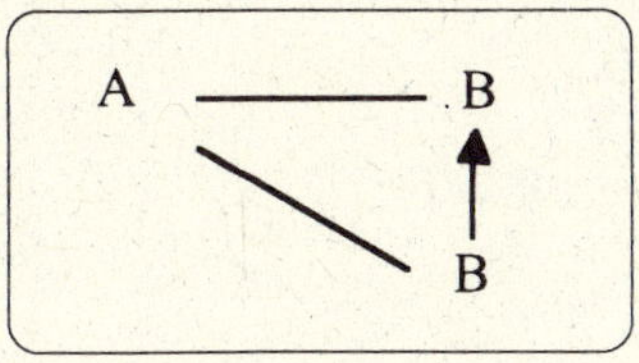

Für mächtige Personen in der Mehr-Position, die eine konstruktive Konfliktlösung wünschen, bedeutet das, daß sie auf den Einsatz ihrer Machtmittel zu Ungunsten der anderen Seite verzichten und die schwächere Konfliktpartei respektieren und aufwerten, indem sie sie im Gespräch als gleichwertige PartnerIn behandeln:

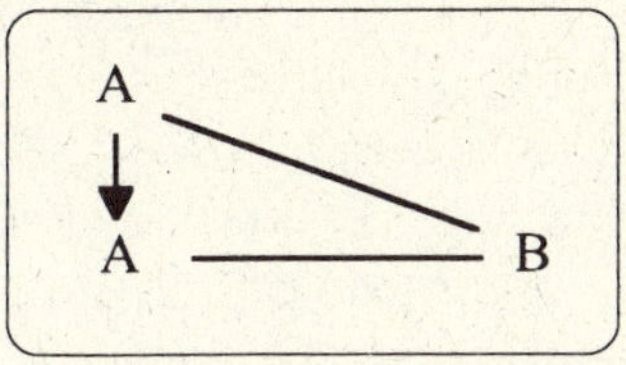

Eine Kombination aus beiden Schritten zur Gleichwertigkeit ist auch möglich:

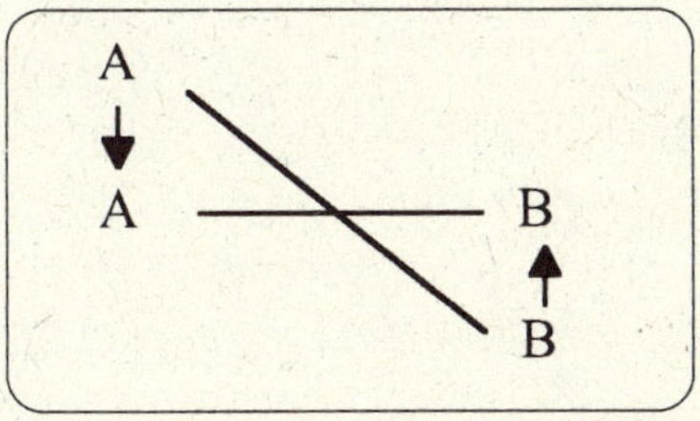

[14] "Macht" wird hier nicht zwangsläufig als Unterdrückung ("Macht über") verstanden, sondern kann auch positiv als Stärke, Kraft, Fähigkeit usw. ("Macht mit") gesehen werden. Vielleicht wäre es - um eine Anregung Willi Hallers aufzunehmen - besser, dann auch nur von "Stärke", "Kraft" usw. zu sprechen.

Ausgehend von der Gleichwertigkeit ist dann eine Konfliktbearbeitung möglich, die die Beweggründe (Fundamente) für die Positionen bzw. Handlungsziele der Beteiligten offenlegt und eine konsensuale Übereinkunft auf dieser Ebene ermöglicht.

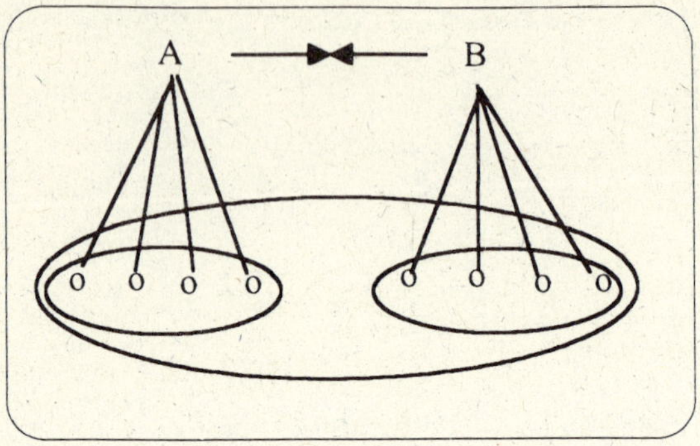

Unterschiedliche Verständnisse

Offenbar werden also mit dem Begriff "Eskalation" bzw. "Deeskalation" unterschiedliche Vorgänge bezeichnet. Dies bringt Verwirrung in die Debatte und erschwert die Verständigung.
Ursprünglich meint "Eskalation" lediglich die "stufenweise Steigerung" der Mittel in einer Auseinandersetzung. Er wurde jedoch meist im militärischen Sinne als Steigerung von Gewalthandlungen verwendet.
Erst die VertreterInnen der Gewaltfreien Aktion benutzten den Begriff auch für die Steigerung gewaltloser Mittel, denn sie sahen den gewaltlosen Widerstand als ein dem Krieg gleichwertiges Kampfmittel an.

Friedrich Glasl richtet den Fokus auf die psychischen Prozesse, die sich im Verlauf von Konflikten ergeben können. "Konflikteskalation" meint bei ihm - außer an der erwähnten Stelle, wo er von eskalierenden Interventionen spricht - die zunehmende Unfähigkeit, konstruktiv mit Konflikten umzugehen. Diese Eskalation ist zwar meist eng verknüpft mit der Eskalation der Konfliktaustragungsmittel, muß aber nicht zwangsläufig damit einhergehen.

Pat Patfoort zeigt auf, wie die destruktive Konfliktdynamik entsteht und wie sie gestoppt und in eine konstruktive Konfliktbearbeitung umgeleitet werden kann. Eskalierende Maßnahmen können dann konstruktiv wirken, wenn sie dazu dienen, eine Gleichwertigkeit der Konfliktparteien zu erreichen.

Zwei Aspekte der Eskalation

Das Eskalations-Verständnis unterscheidet sich also im wesentlichen darin, daß auf der einen Seite Eskalation mit der Zunahme an "Konfliktunfähigkeit", Feindseligkeit und Gewalt gleichgesetzt wird - wobei hier noch einmal differenziert werden müßte, ob nur die offene, personale Gewalt gemeint ist oder auch die verdeckte, strukturelle und kulturelle Gewalt.
Auf der anderen Seite wird mit Eskalation ein zunehmender Eingriff in die Machtstrukturen der Gesellschaft gemeint, der von psychologischer Einflußnahme bis hin zu politischen und wirtschaftlichen Druckmaßnahmen reichen kann.

Gewaltfreie Eskalation ist demnach da angebracht, wo es um persönliche oder kollektive Selbstbehauptung geht und wo verdeckte, strukturelle Gewaltverhältnisse, die nach außen hin "friedlich" erscheinen, dramatisiert werden müssen. Ihr Ziel ist es, die Öffentlichkeit wachzurütteln und zum Widerstand zu bewegen, bis die Gegenseite zu echtem Dialog und Verhandlungen bereit ist bzw. der Unrechtzustand beendet ist.

Deeskalation ist dagegen da erforderlich, wo Konflikte destruktiv und gewaltsam ausgetragen werden, so daß die Situation sich immer weiter verschlechtert, Unmenschlichkeit zunimmt und am Ende alle Beteiligten verlieren.

Wenn es gelingt, beide Aspekte zu isolieren und Konfliktbearbeitungsmethoden zu entwickeln und anzuwenden, die den negativen Aspekt deeskalieren und den positiven Aspekt der Eskalation beibehalten, können die Widersprüche aufgehoben werden. Gerade dies ist der Grundgedanke gewaltfreier Konfliktaustragung.

Eskalation oder Deeskalation ist jedoch kein Ziel an sich, sondern ein Mittel, um das Ziel zu erreichen, nämlich die gerechte und nachhaltige Lösung von Konflikten:
Die Selbstbehauptung und Dramatisierung von Unrecht soll einen latenten Konflikt offenkundig und damit bearbeitbar machen sowie die Verantwortlichen zu einer Verhaltensänderung oder zu einem Dialog über die Lösung des Konfliktes bewegen.
Die Deeskalation von Feindseligkeit und Gewalt soll den Schaden der Konfliktaustragung begrenzen und ebenfalls - von der anderen Seite her - zu einer Verhandlung der Interessengegensätze und einer nachhaltigen Lösung führen.

Verschiedene Menschenbilder

Die Trennungslinie zwischen Eskalations- und Deeskalations-BefürworterInnen scheint aus dieser Sicht weniger bedeutsam zu sein als die Trennungslinie zwischen den verschiedenen Menschenbildern, ethischen Einstellungen und politischen Philosophien:
Auf der einen Seite stehen diejenigen, die im Gegenüber nicht nur den Gegner, sondern auch den Menschen sehen, und ihm auch berechtigte Interessen und ein Stück Wahrheit zubilligen. Sie suchen deshalb den Dialog und streben konsensuale Lösungen an.
Auf der anderen Seite befinden sich diejenigen, die keine Konsens- oder Kompromißfähigkeit in der Sache sehen und nicht an die Menschlichkeit und Veränderbarkeit des Gegners glauben. Sie haben deshalb dessen Ausschaltung und die vollständige Durchsetzung der eigenen Positionen zum Ziel. Dies schließt nicht nur gewaltsame, sondern auch bestimmte gewaltlose (im Gegensatz zu "gewaltfreien") Konfliktstrategien ein, die ich als "instrumentelle Gewaltlosigkeit " bezeichnen würde.
Für die erste Gruppierung orientiert sich die Konfliktstrategie am Nutzen für alle Konfliktparteien, für die letztere am Gewinn für die eigene bzw. am Verlust für die andere Seite.

Die Einschätzung der KontrahentInnen kann sich auch im Verlauf der Auseinandersetzung von der einen zur anderen Seite verschieben. Dieser Gefahr unterliegen auch gewaltfreien Widerstand Leistende, die durch Erfolglosigkeit frustriert werden und zunehmend feindselig auf die Gegenseite reagieren.

Konfliktstrategie-Variationen

Nimmt man nun die beiden Aspekte der Eskalation als Varianten, so lassen sich folgende Konfliktstrategien entwerfen:

1. Eskalation pur

Sowohl die Selbstbehauptung und Dramatisierung des Unrechts wird gesteigert als auch die Feindseligkeit und die Gewalt:

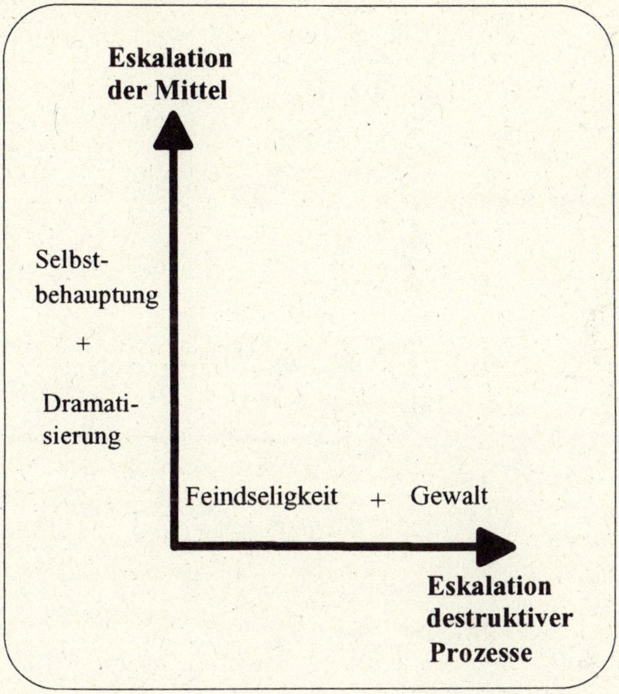

Vorteile:
- Eintreten für die eigenen Interessen
- Die strukturelle Gewalt wird thematisiert und angegangen.
- Kein Zurückweichen vor personaler Gewalt
- Wahrung der Selbstachtung
- Konflikt wird ausgetragen und damit prinzipiell auch lösbar.

Nachteile:
- Verhärtung bei den Konfliktparteien
- Schadensausweitung
- Tendenz zu lose-lose-Lösungen
- Zunehmende Entmenschlichung

2. Deeskalation pur

Die Heftigkeit der Konfliktaustragung wird in jeder Hinsicht vermindert:

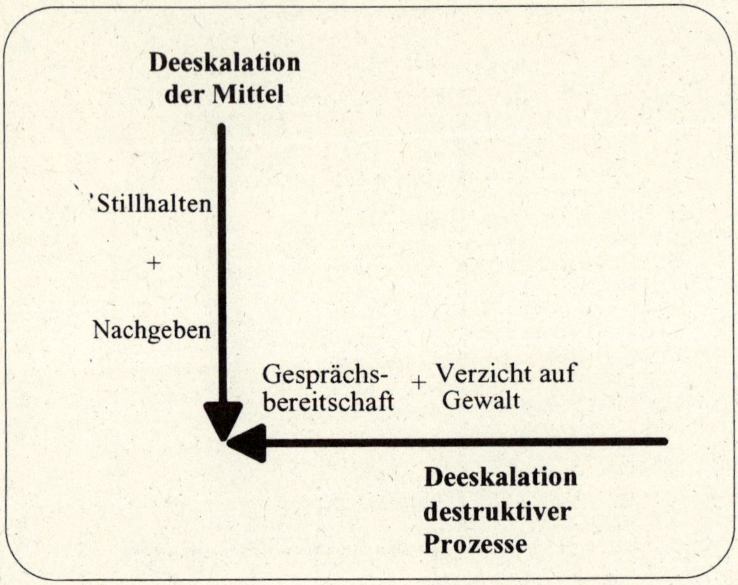

Vorteile:
- Blutvergießen wird verhindert.
- Keine zusätzliche Schäden
- Verhandlungslösung wird möglich.
- Achtung der anderen Person(en)

Nachteile:
- Verzicht auf Interessendurchsetzung
- Wandel wird behindert.
- Prämie für die stärkere Partei
- Gerechtigkeit bleibt evtl. auf der Strecke.
- Widerstandswille und Selbstachtung werden geschwächt.

3. Mix Eskalation - Deeskalation

Der Konflikt wird dramatisiert, die eigenen Interessen werden behauptet, ohne einer destruktiven Konfliktdynamik zu verfallen:

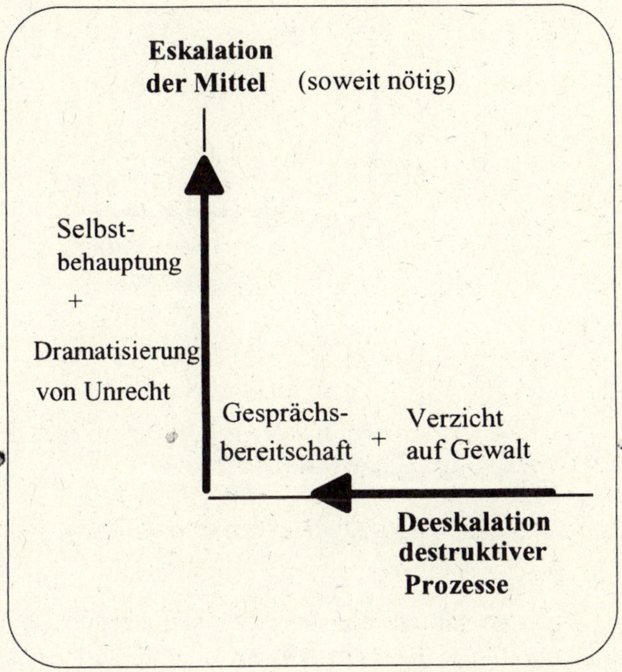

Die Vorteile von 1. und 2. werden verbunden und deren Nachteile vermieden: Es wird Widerstand geleistet, um Unrecht aufzudecken und zu beseitigen und um die eigenen Interessen zu vertreten. Durch Gewaltfreiheit und die Bereitschaft zum Dialog werden die destruktiven Kräfte auf die Eskalationsstufen 1 bis 3 nach Glasl eingedämmt, in denen noch win-win-Lösungen möglich sind.

Die Notwendigkeit der Eskalation der Mittel ergibt sich so lange, bis eine Gleichwertigkeit erreicht ist. Danach ist eine konstruktive Lösung des Konfliktes möglich:

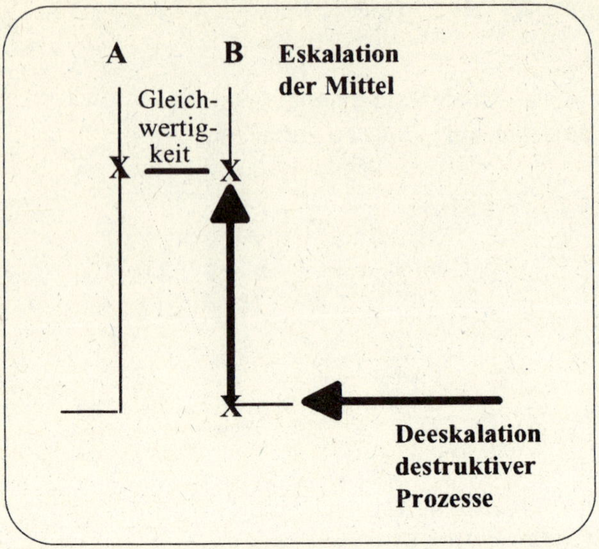

Intervention von Drittparteien

Wie lassen sich diese Strategie-Modelle auf Interventionen von Drittparteien anwenden?

Militärisches Eingreifen von außen wie etwa beim zweiten Golfkrieg oder bei den NATO-Luftangriffen in Bosnien können den "Eskalation pur"-Strategien zugerechnet werden.
Aber auch die frühzeitige Anerkennung Kroatiens durch die deutsche Regierung war de facto eine ausschließlich eskalierende Intervention.

Als "Deeskalation pur"-Strategie kann wohl die Ostpolitik der SPD während des Kalten Krieges bezeichnet werden, wenn man sie nach ihren Auswirkungen auf die inneren Konflikte der Warschauer-Pakt-Staaten beurteilt.
Der von Jimmy Carter vermittelte sechsmonatige Waffenstillstand zwischen den bosnischen Serben und den muslimischen Bosniern kann sicherlich auch als reine Deeskalation ohne Konfliktlösung bewertet werden.

Beide Beispiele machen jedoch deutlich, daß die "Deeskalation pur"-Strategie den Vorteil hat, daß sie weitere Schritte konstruktiver Konfliktlösung zumindest ermöglicht.

Wie läßt sich nun die "Mix-Strategie" der Eskalation von Widerstand und der Deeskalation von Feindseligkeit und Gewalt anwenden auf Konfliktinterventionen von Drittparteien?

Zur Beantwortung dieser Frage muß zunächst geklärt werden, welche Stellung die Drittpartei zu den Konfliktparteien einnimmt: Greift sie ein, um
a) eine Seite zu unterstützen,
b) als zusätzliche Konfliktpartei eigene Interessen zu verfolgen oder um
c) neutral zwischen den Konfliktparteien zu vermitteln?

Im Fall a) läßt sich das Modell problemlos übertragen, sofern die unterstützte Konfliktpartei ebenfalls nach dieser Strategie vorgeht. Die Drittpartei fügt sich dann in die gewaltfreie, konstruktive Strategie dieser Konfliktpartei ein und unterstützt sie im Rahmen ihrer Möglichkeiten.
Schwierig wird es jedoch, wenn die zu unterstützende Konfliktpartei (auch) gewaltsamen Widerstand leistet. In dieser Situation sah sich die gewaltfreie Bewegung in der Bundesrepublik, als sie sich mit den Widerstandsbewegungen in Lateinamerika oder Südafrika solidarisierte. Sie versuchte, das politische Anliegen der Befreiungsbewegung und gewaltlose Aktivitäten innerhalb des Befreiungskampfes zu unterstützen, nicht aber den gewaltsam-militärischen Teil des Kampfes, ohne ihn allerdings zu verurteilen.

Im Fall b) wird der Konflikt ausgeweitet, und die neue Konfliktpartei kann ihre Strategie selbst bestimmen, also auch das vorgeschlagene Mix-Modell übernehmen. Das wird allerdings wenig Auswirkungen auf den destruktiven Stil der Konfliktaustragung zwischen den ursprünglichen KontrahentInnen haben.

Im Fall c) haben die eingreifenden Dritten ein parteien-übergreifendes Interesse, nämlich die Gewalteskalation zu stoppen und den Konfliktparteien zu ermöglichen, auf gewaltlose und einvernehmliche Art ihren Streit beizulegen.

Gewalt-Deeskalation

Jede Intervention gegen den Willen der unmittelbar Betroffenen kann als eine Form der Bevormundung und Unterdrückung angesehen werden, sofern sie über den unmittelbaren Schutz von Leben hinausgeht. Deshalb wird in der Diskussion um gewaltfreies Eingreifen betont, daß es darum gehe, die friedensfördernden Kräfte im Konflikt zu identifizieren und zu unterstützen.

Eine gewaltfreie Intervention ohne diese PartnerInnen bei den Konfliktbeteiligten wird ins Leere laufen.

Was aber, wenn es keine nennenswerten gewaltfreien Kräfte im Konflikt gibt, weil alle Konfliktparteien auf militärischen Schutz und gewaltsame Selbstbehauptung setzen?
Dann bleibt noch die Möglichkeit, den verfeindeten Parteien eine gewaltlose Form der Interessendurchsetzung anzubieten - z.B. in Form von "Guten Diensten", Mediation oder Schiedsverfahren.
Darüber hinaus besteht die Möglichkeit - auch gegen den Willen der Konfliktbeteiligten -, gewaltlosen moralischen und politischen Druck gegen Menschenrechtsverletzungen zu organisieren - etwa durch Begleitschutz, internationale BeobachterInnen und Medienpräsenz oder durch Boykott und Embargo u.a. Dieser Druck ist legitim und gewaltfrei, solange er die Grundbedürfnisse und Menschenrechte der Bevölkerung respektiert und nicht beeinträchtigt: Ein Embargo, das zu Hungersnot oder zum Zusammenbruch der medizinischen Versorgung führt, ist eine gewaltsame Aktion. Ein Embargo, das die Fähigkeit zur gewaltsamen Unterdrückung der schwächeren Partei verringert, ist gewaltfrei.

Widerstands-Eskalation

Widerstands-Eskalation ist in der Regel zur Unterstützung der schwächeren Konfliktparteien gedacht (siehe a), kann aber auch als Ermunterung an alle Konfliktbeteiligten angelegt sein, ihre Konflikte offensiv, aber ohne Gewalt auszutragen.
Boykott und Embargo können dazu ebenso eingesetzt werden wie als Instrument der Gewalteindämmung. Sie können politischen Forderungen an die Konfliktparteien Nachdruck verleihen oder ganz gezielt eine Seite unterstützen. Dies ist eine von Drittparteien gut durchführbare Eskalationsmaßnahme.

Widerstands-Eskalation im Innern eines anderen Landes ist dagegen schwieriger, besonders wenn die (schwächeren) Konfliktparteien kein Wissen über gewaltfreien Widerstand und auch keine Bereitschaft dazu haben.
Es bleibt dann nur die Möglichkeit, auch die geringsten Ansätze innerhalb der Konfliktparteien aufzuspüren und weiterzuentwickeln und in begrenztem Maß selbst durch gewaltfreien Protest aktiv zu werden, wenn dies auf die Zustimmung von Teilen der Konfliktbetroffenen stößt. Die Protestaktion von Petra Kelly und Gert Bastian in Ost-Berlin zu DDR-Zeiten war ein Beispiel für

solch einen unterstützenden gewaltfreien Widerstand. Allerdings dürfte eine drastischere Form gewaltfreien Widerstands bei gewaltsam eskalierten Konflikten Gefahr laufen, ebenso gewaltsam unterdrückt zu werden wie militärische Aktionen. Die negativen Auswirkungen von gemischt militärisch-gewaltlosen Widerstandsstrategien auf den gewaltfreien Teil des Widerstands ist in der Diskussion um die Soziale Verteidigung ja hinreichend aufgezeigt worden.

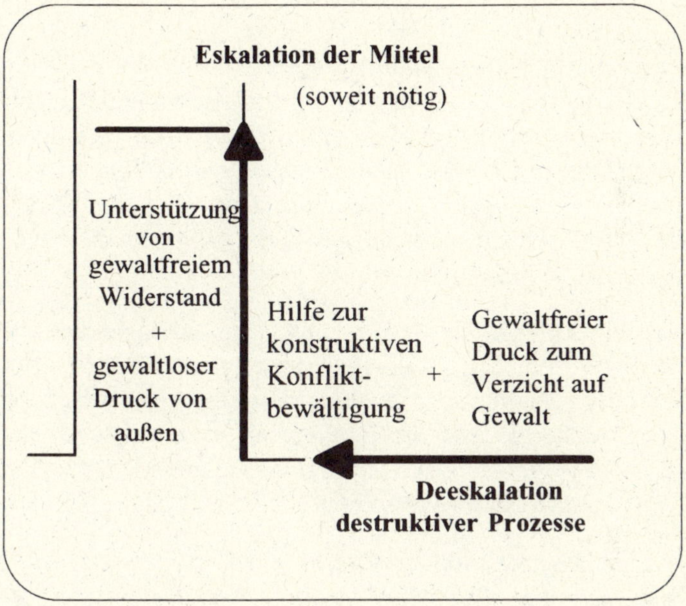

Die Möglichkeit gewaltfreier Eskalation ohne die Mitwirkung einer Konfliktpartei ist also recht begrenzt. Deshalb gab es auch nicht die spektakulären gewaltfreien Aktionen der Friedensbewegung im ehemaligen Jugoslawien.

Wenn die Fähigkeit oder die Bereitschaft zum gewaltfreien Widerstand fehlt, bleibt nur der Weg der Gewalt-Deeskalation, des Drucks von außen und der Kleinarbeit der Entwicklung einer gewaltfreien Widerstandskulltur im Innern des Konfliktgebietes.

Zusammenfassung und Schlußfolgerung

Gewaltfreie Konfliktlösung ist, wie immer wieder betont werden muß, nicht gleichzusetzen mit Scheu vor Konflikten und Abwiegeln von Auseinandersetzungen. Viele Konflikte können zwar präventiv verhindert werden. Sind sie jedoch da, nutzt es nichts, sie zu verleugnen oder "unter den Teppich kehren" zu wollen. Sie verlieren ihr destruktives Potential erst, wenn sie gelöst werden, d.h. wenn sie konstruktiv zur Neuregelung von Beziehungen und Sachfragen genutzt werden.

Eine konstruktive Konfliktregelung gelingt aber nur in einem herrschaftsfreien Dialog, der sich durch Gleichwertigkeit der PartnerInnen auszeichnet. Gerade im politischen Bereich fehlt es aber oft an dieser Gleichwertigkeit. Deshalb bedarf es der Mittel des gewaltfreien "Empowerments" durch innere Stärkung und gemeinschaftliche Aktion. Gewaltfreie Eskalation in diesem Sinne ist erforderlich, um Konflikte offenzulegen und zu dramatisieren sowie um Gleichwertigkeit zu erreichen.

Es besteht aber die Gefahr, daß durch - gewaltsame wie gewaltlose - Widerstandseskalation die Fähigkeit zur konstruktiven Konfliktlösung abhanden kommt: indem Wahrnehmungen verzerrt, Einstellungen verhärtet, Beziehungen geschädigt und die psychische und physische Unversehrtheit verletzt werden. Die Deeskalation von Feindseligkeit und Gewalt ist daher ein gleichrangiges Prinzip der gewaltfreien Konfliktbearbeitung,

Eskalation und Deeskalation schließen sich im gewaltfreien Konfliktverständnis also nicht aus. Es kommt vielmehr darauf an, wann, was und wie weit eskaliert oder deeskaliert wird.
Bei kalten oder latenten Konflikten, die oft mit struktureller Gewalt verbunden sind, sowie bei Konfliktlagen, die durch ein Machtungleichgewicht geprägt sind, ist in der Regel eine Eskalation des gewaltfreien Widerstands vorrangig. Bei offenen, gewaltsam ausgetragenen Konflikten sind dagegen deeskalierende Maßnahmen notwendig, um eine konstruktive Konfliktregelung zu ermöglichen. Dabei muß jedoch gewährleistet sein, daß die Konfliktparteien gleichwertig am Dialog teilnehmen können.

Die Interventionsdebatte angesichts der blutigen (Bürger-)Kriege konzentriert sich daher zu Recht auf deeskalierende Maßnahmen, denn diese Konflikte sind bereits offen und dramatisiert.
Damit sich daraus jedoch keine Zementierung von Ungerechtigkeit, von Machtungleichgewichten und der Position von "warlords" ergibt, sollte jedoch

zusätzlich das Wissen und die Praxis gewaltfreien Widerstands verbreitet und aktiv unterstützt werden. Dies kann durchaus auch als präventive Maßnahme zur Verhinderung späterer Gewalteskalationen angesehen werden. Denn, wenn auch nur eine Seite gelernt hat, Konflikte gewaltfrei auszutragen, kann der Teufelskreis von Unterdrückung und Gewalt durchbrochen werden.[15]

[15] Ich danke Barbara Müller für die kritischen und hilfreichen Rückmeldungen zu den ersten Entwürfen für diesen Beitrag!

Literatur

Christoph Besemer, Mediation - Vermittlung in Konflikten, hrsg. von der Stiftung Gewaltfreies Leben und der Werkstatt für Gewaltfreie Aktion, Baden, 1993

Christoph Besemer, Mediation in der Praxis - Erfahrungen aus den USA, hrsg. von der Werkstatt für Gewaltfreie Aktion, Baden, 1996

Eduard de Bono, Konflikte: Neue Lösungsmodelle und Strategien, Düsseldorf 1989

James L. Creighton, Schlag nicht die Türe zu! Konflikte aushalten lernen, Reinbek 1992

Theodor Ebert, Gewaltfreier Aufstand. Alternative zum Bürgerkrieg, Waldkirch 1980

Klaus Farin & Eberhard Seidel-Pielen, Krieg in den Städten. Jugendgangs in Deutschland, Berlin 1991

Louis Fischer, Gandhi. Prophet der Gewaltlosigkeit, München 1983

Roger Fisher & William Ury, Das Harvard-Modell. Sachgerecht verhandeln - erfolgreich verhandeln, Frankfurt a.M. - New York 1984

Johan Galtung, Strukturelle Gewalt, Reinbek 1975

Johan Galtung, Kein Zweifel: Gewaltlosigkeit funktioniert! Wirkungsweise und Aktualität gewaltlosen Widerstands, hrsg. von der Werkstatt für Gewaltfreie Aktion, Baden, 1995

Mohandas Karamchand Gandhi, Eine Autobiographie - oder die Geschichte meiner Experimente mit der Wahrheit, Gladenbach 1977

Friedrich Glasl, Konfliktmanagement. Ein Handbuch zur Diagnose und Behandlung von Konflikten für Organisationen und ihre Berater, Bern - Stuttgart 1990

Thomas Gordon, Familienkonferenz. Die Lösung von Konflikten zwischen Eltern und Kind, München 1989

Günther Gugel, Wir werden nicht weichen. Erfahrungen mit Gewaltlosigkeit, Tübingen 1996

Uli Jäger, Soft Power. Wege ziviler Konfliktbearbeitung, Tübingen 1996

Gernot Jochheim, Die gewaltfreie Aktion. Idee und Methoden, Vorbilder und Wirkungen, Hamburg - Zürich 1984

Martin Luther King, Freiheit. Aufbruch der Neger Nordamerikas, Kassel 1964

Loccumer Protokolle 10/96, Konflikte lösen - Gewalt verhindern. Jugendhilfe und Schule auf neuen Wegen, Loccum 1997.

Hans-Peter Nolting, Lernfall Aggression. Wie sie entsteht - Wie sie zu vermindern ist, Reinbek 1978/1983

Hans-Peter Nolting, Lernschritte zur Gewaltlosigkeit. Ergebnisse psychologischer Friedensforschung, Reinbek 1981/1984

Pat Patfoort, An Introduction to Nonviolence, Nyack, NY, USA 1987

Pat Patfoort, Uprooting Violence, Building Nonviolence, Freeport, Maine, USA 1995

Alexander Redlich, KonfliktModeration. Handlungsstrategien für alle, die mit Gruppen arbeiten, Hamburg 1997

Friedemann Schulz von Thun, Miteinander reden (Bd. 1/2/3), Reinbek 1981/ 1989/1998

Hansjörg Schultz (Hg.), I had a Dream. Dr. Martin Luther King. Gewaltfreiheit als Herausforderung, Freiburg 1978

Herbert Selg (Hg.), Zur Aggression verdammt? Ein Überblick über die Psychologie der Aggression, Stuttgart 1975

Reinhard Sellnow, Die mit den Problemen spielen ... Ratgeber zur kreativen Problemlösung, Bonn 1994

Christoph Thomann & Friedemann Schulz von Thun, Klärungshilfe. Handbuch für Therapeuten, Gesprächshelfer und Moderatoren in schwierigen Gesprächen, Reinbek 1988

Christoph Thomann, Klärungshilfe: Konflikte im Beruf, Reinbek 1998

William Ury, Schwierige Verhandlungen - Wie Sie sich mit unangenehmen Kontrahenten vorteilhaft einigen, Frankfurt 1992

Werkstatt für Gewaltfreie Aktion, Baden, Konsens - Anleitung zur herrschaftsfreien Entscheidungsfindung, Arbeits- und Aktionshefte 3, 1990

Werkstatt für Gewaltfreie Aktion, Baden, Boykott - Die große Macht der kleinen Leute, Arbeits- und Aktionshefte 4, 1993

George Woodcock, Der gewaltlose Revolutionär. Leben und Wirken Mahatma Gandhis, Kassel 1983

werkstatt für gewaltfreie aktion, baden

Die *Werkstatt für Gewaltfreie Aktion* ist eine handlungsorientierte friedenspädagogische Einrichtung, die seit 1984 vorwiegend im Bereich Baden arbeitet. Zur Zeit gehören zwei hauptamtliche und ca. zehn ehrenamtliche MitarbeiterInnen zum aktiven Kern des Projekts. Darüber hinaus gibt es den gemeinnützigen Trägerverein *Gewaltfrei Leben Lernen*, der die Arbeit der *Werkstatt* inhaltlich begleitet und finanziell trägt.

Ziel der *Werkstatt* ist es, Gewalt in all ihren Erscheinungsformen aufzudecken, bewußtzumachen und abzubauen und ihr das Prinzip der Gewaltfreiheit entgegenzusetzen. Dazu soll sowohl der persönliche Lebensstil als auch die politische Kultur in Richtung auf eine gewaltfreie, herrschaftslose und nicht-patriarchale Gesellschaft verändert werden.

Durch Seminare, Veranstaltungen und Trainings u.a. in gewaltfreier Aktion und konstruktiver Konfliktaustragung sowie durch Publikation von Broschüren und anderen Schriften sollen Gruppen und Einzelpersonen befähigt werden, diesem Ziel näherzukommen.
Auf Anfrage werden auch Seminare mit festen Gruppen durchgeführt.

Weitere Informationen sind erhältlich bei der

Geschäftsstelle der *Werkstatt für Gewaltfreie Aktion*
Am Karlstor 1, 69117 Heidelberg, Tel. /Fax 06221-161978

Broschüren der *Werkstatt für Gewaltfreie Aktion*:

Die Broschüren sind erhältlich bei:
PAZIFIX, Alberichstr. 9, 76185 Karlsruhe, Tel. 0721-552270 - Fax 0721-558622

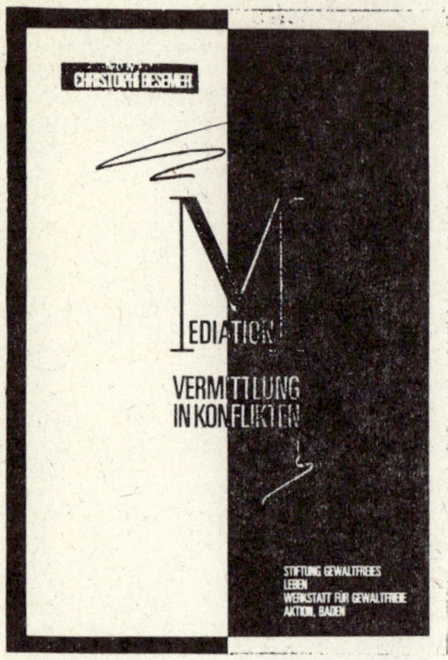

Christoph Besemer

Mediation - Vermittlung in Konflikten

Hrsg.: Stiftung Gewaltfreies Leben und
Werkstatt für Gewaltfreie Aktion, Baden

Königsfeld - Heidelberg - Freiburg 1998 (5. Aufl.)

140 Seiten, ISBN 3-930010-02-X

Bezug: PAZIFIX, Alberichstr. 9, 76185 Karlsruhe
Tel. 0721-552270, Fax 0721-558622

"Die Grundlagen der Mediation werden zu Beginn des Buches vorgestellt, die bisherigen Anwendungsbereiche von Mediation beschrieben, ausführlich werden die aufeinander aufbauenden Phasen eines Mediationsverfahrens dargelegt. Ein weiteres Kapitel geht speziell auf die Besonderheiten der Mediation im politischen Bereich ein, im Kapitel 'Diskussion' geht es um Kontroversen innerhalb der Theorie, und ein abschließender Teil gibt eine Übersicht über Mediationstechniken. ...
Insgesamt kann das Buch zur Lektüre bestens empfohlen werden."

Martin Singe in der Zeitschrift "Friedensforum" (2/1993)

"Dieses Arbeitsheft ist eine lohnende Lektüre für jene, die sich ernsthaft um Alternativen im Streit bemühen - egal, ob im Großen oder im Kleinen. Es gehört auf den Schreibtisch jedes Rechtsanwaltes und Richters, Politikers und Pazifisten."

Klaus Bender in der Zeitschrift "Zivilcourage" (1993)

Christoph Besemer

Mediation in der Praxis

Erfahrungen aus den USA

Hrsg.: Werkstatt für Gewaltfreie Aktion, Baden

Heidelberg - Freiburg 1996

97 Seiten, ISBN 3-930010-05-4

Bezug: PAZIFIX, Alberichstr. 9, 76185 Karlsruhe
Tel. 0721-552270, Fax 0721-558622

Inhalte: Anwendungsbereiche von Mediation in den USA; aktuelle Entwicklungen und Diskussionen; Kurzprotokolle von Mediationen; Interviews mit MediatorInnen; Adressen, englische und deutsche Literatur-Auswahl

Institut für Friedensarbeit und Gewaltfreie Konfliktaustragung (IFGK)

Das Institut für Friedensarbeit und Gewaltfreie Konfliktaustragung ist ein Forschungszusammenschluß von derzeit 14 Personen aus der ganzen Bundesrepublik. Es will Theorie und Praxis von Gewaltfreiheit durch Grundlagen- und Aktionsforschung und durch einen kontinuierlichen Austausch mit AktivistInnen enger zusammenbringen.

Die Erfahrungen der MitarbeiterInnen in der Friedensarbeit bilden den Ausgangspunkt für die Projektarbeit des Instituts.
Ein erster Forschungsschwerpunkt ist das Programm "Gewaltfrei intervenieren in Krise und Krieg", das seit 1996 in Teilschritten die Möglichkeiten und Grenzen gewaltfreier Interventionen in gewaltsam ausgetragenen Konflikten untersucht.

Das Institut ist nicht-hierarchisch organisiert, verwaltet sich in ehrenamtlicher Arbeit selber und finanziert die Forschungsvorhaben seiner MitarbeiterInnen ausschließlich über projektspezifische Förderung im Einzelfall.

Kontaktadresse:
Institut für Friedensarbeit und Gewaltfreie Konfliktaustragung
Hauptstr. 35, 55491 Wahlenau
Tel. 06543-980096 * Fax 06543-500636 * E-Mail: jetztistgu@aol.com

Veröffentlichungen des IFGK

Arbeitspapiere:

Albert Fuchs:
WIE WIRD MILITÄRISCHE GEWALT ZUR "FRIEDENSSCHAFFENDEN MASSNAHME"?
Kognitionspsychologische Aspekte der Beurteilung von Militäreinsätzen.
Arbeitspapier Nr. 2; Oktober 1995. (21 Seiten; 5 DM)

Barbara Müller:
ZUR THEORIE UND PRAXIS VON SOZIALER VERTEIDIGUNG.
Arbeitspapier Nr. 3; Februar 1996. (18 Seiten; 5 DM)

Barbara Müller und Christian W. Büttner:
OPTIMIERUNGSCHANCEN VON PEACEKEEPING, PEACEMAKING UND PEACEBUILDING DURCH GEWALTFREIE INTERVENTIONEN?
Studie zur methodischen und systematischen Operationalisierung dieser Fragestellung.
Arbeitspapier Nr. 4, Oktober 1996 (2. Auflage). (64 Seiten, 13M)

Liam Mahony und Luis Enrique Eguren
INTERNATIONALE BEGLEITUNG ZUM SCHUTZ VON MENSCHENRECHTEN: SZENARIEN, ZIELE UND STRATEGIEN
Arbeitspapier Nr. 5, Juni 1997. (58 Seiten, 13 DM)

Barbara Müller and Christian W. Büttner,
OPTIMIZING PEACEKEEPING, PEACEMAKING AND PEACEBUILDING THROUGH NONVIOLENT INTERVENTION? A METHODOLOGICAL AND SYSTEMATICOPERATIONALISATION
Arbeitspapier Nr. 6, Januar 1998 (67 S., 13 DM)

Christine Schweitzer,
INSTRUMENTE DER KONFLIKTINTERVENTION
Arbeitspapier Nr. 7, Februar 1998 (22 S., 5 DM)

Albert Fuchs
WO BLEIBT DIE MORAL BEI DER GESCHICHT'? PARTEIZUGEHÖRIGKEIT UND POLITISCH-MORALISCHE SITUATIONSBEURTEILUNG ALS DETERMINANTEN DER ENTSCHEIDUNG ZUM EINSATZ DER BUNDESWEHR IN EX-JUGOSLAWIEN
Arbeitspapier Nr. 8, März 1998 (16 S., 5 DM)

Achim Schmitz
GEWALTFREIE INTERVENTIONEN IM EHEMALIGEN JUGOSLAWIEN DURCH ORGANISATIONEN DER EUROPÄISCHEN FRIEDENSBEWEGUNG. Arbeitspapier Nr. 9 Dezember 1998, (26 S., 7 DM)

Albert Fuchs
BUNDESWEHR: NICHT UNTER „GENERALVERDACHT", ABER UNTER KRITISCHEM BLICK. Arbeitspapier Nr. 10, Januar 1999, 20 S., 5 DM)

Studien zur Gewaltfreiheit im LIT Verlag:

Barbara Müller:
PASSIVER WIDERSTAND IM RUHRKAMPF.
Eine Fallstudie zur gewaltlosen zwischenstaatlichen Konfliktaustragung und ihren Erfolgsbedingungen. Diss. Berlin, Band 1, Münster 1995. (530 Seiten; 39 DM)

Christian W. Büttner:
FRIEDENSBRIGADEN:
ZIVILE KONFLIKTBEARBEITUNG MIT GEWALTFREIEN METHODEN.
Band 2, Münster 1995 .(147 Seiten; 19,80 DM)

Bezugsadresse:
IGFK e.V., C/O BSV, PF 2110, 32378 Minden. Fax:0571/23109
Email: institut_fgk@bionic.zerberus.de